天才にもエリートにも
なれなかった僕たちが、
この世の中で
勝ち残るために
必要なこと

Tactics of
the ordinary
man

We who could never become geniuses
or elites need only one thing to survive in this world.

凡人の戦術

前田桂尚
KATSUHISA MAEDA

発行・日刊現代／発売・講談社

はじめに

今、「凡人の戦術」と題されたこの本を読んでいるきみが、本書を手に取った理由はなんだろうか？　その理由は人それぞれで、なかには、仕事上でなんらかのトラブルを抱えていたり、自分の才能や能力の足りないことに常々もどかしさを感じていたり、という人もいるだろうけれど、おそらく「なんとなく気になった」「そんなものがあるなら知ってみたい」「特に取り柄のない自分でも、成功できるチャンスがあるのかな」といったような、半信半疑という人が大半だろうと想像している。

本書には、「天才にもエリートにもなれなかった僕たちが、この世の中で勝ち残るために必要なこと」というやや長いサブタイトルがついているが、この本は、まさに「天才にもエリートにもなれなかった人たち」のために書いたものであり、それは残念ながら天才ではなかった僕自身の経験に基づく、凡人なりの成功術だ。

「天才」と呼ばれる人は実にさまざまで、「天才とは誰か？」と尋ねられればイーロン・マスクを思いつく人もいるだろうし、あるいはビル・ゲイツを思い浮かべるかもしれない。あるいは大谷翔平か、それとも藤井聡太かもしれないし、宮崎駿に尾田栄一郎だろうか。

あらゆる業界に「天才」と呼ばれる人がいる。しかしいずれにせよ、世の中ではごくひと握りの存在である。

そう、**この世界の99％は凡人だ。**そして**世界は凡人で回っている**ともいえるだろう。

ちなみに僕自身、凡人中の凡人である。

僕は今、ＳＰＧ ＨＯＬＤＩＮＧＳのＣＯＯ（最高執行責任者）をメインに、実践型営業支援サービスを提供するｅｄｇｅｗｏｒｋｓのＣＥＯを務めている。経営歴は15年に及び、38歳の僕は人生の半分を経営者として過ごしてきた。

と言うと、「何が凡人だよ、ただのエリートじゃないか」「タイトルにだまされた……」などと腹を立て、この本をすぐさま投げ捨てようとする人もいるかもしれない。

だが、ちょっと待ってほしい。先ほどのように要約してしまうとカッコよく聞こえるかもしれないが、僕がここまでに至る道のりは、決して順風満帆ではない。「またまた！」というツッコミが聞こえてきそうだが、これはまったく謙遜ではなく、純然たる事実である。

片田舎のごく普通の家庭に生まれ、たいした学歴もない。褒められることといえば、高校時代野球に没頭して主将になり、甲子園に出場したことくらいだ。

実は、大学を中退してもいる。若気の至りで、まだまだ浅はかな知識しかないのに、「ここで学べることはない」と粋がって社会に飛び出した。その後はなんとか営業の仕事に就いたが、この仕事は2カ月でクビになった。契約がとれないどころか、遅刻をする、上司の言うことを聞かないなど、まったく使えない人材だったからだ。営業というよりも社会に出て働く人間として完全に終わっていた。振り返ると、当時の上司はよく2カ月も我慢できたとつくづく思う。

クビになったあとはしばらくの間、とび職などの現場仕事を中心に、仕事を選ばず日夜働きつづけた。ここでひたすら行動した結果、仕事のコツを覚えたことで、再度就いた営業職ではいい結果を残すことができて、24歳でいきなり、ある会社の社長に就任することとなる。

と、ここまで読んで「なんだよ、やっぱりエリートじゃないか」なんて思わないでほしい。この社長就任は、転落人生のはじまりにすぎなかった。

社長になったのは、ある人に声をかけられたことがきっかけだ。だが、その人のもとで働くという意思決定が人生を狂わせた。後になって気づいたことだが、その人が僕を経営者として選んだ最大の理由は、「元気があって、自分の思いどおりになりそう」だったからのようだ。つまり、「いいように使える人材」と見做されていたわけである。

それなのに若かった僕は、「経営スキルを身につけられる、またとないチャンスだ」と考え、その人のもとで活動することにした。経営者といっても名ばかりで、実際のところ、根本的な経営権はすべて握られている状態だ。

その後の日々は、とにかく常に大きなプレッシャーがのしかかりつづける、壮絶なものだった。経営の知識やスキルなどまったくない僕は、朝から晩まで休みなく働き、監視され、詰められ、怒鳴られつづけた。汗水たらして稼いでも稼いでも、規模が拡大して10億円程度の売上になっても、お金はその人のもとに流れてしまい、会社と僕のもとには残らない。自分にはコントロールできない大きな支出が重なり、終盤は毎年赤字続きで資金繰りが悪化した。何か手を打とうとしても、その人に支配されている状況なので改善さえできない。支払い催促だけが来る日々だった。

資金繰りを考えると、数千万円単位でお金が足りない。それでもなんとかしようと努力したが策は尽きかけた。「命を絶ち自分の生命保険で会社に関わる人だけは守る」と何度も何度も考えた。もうそれしかないように思えるほど追い詰められていたのだ。

だが、命を絶つくらいなら最後にあがいてみようと、僕は弁護士に相談してみることにした。すると「自己破産をすればその人のコントロール下から逃れられる」とアドバイスをいただき、僕は自己破産を決断した。とはいえ、仕事を放棄するような形になってしまうため、決断に至るまでには相当躊躇した。しかし最終的には、「死ぬくらいなら開き直ってこの状況から逃げ出そう、そしてゼロからやり直そう」と考え、「社長」という仕事から、そして主戦場としていた名古屋から脱出したのだ。

このあたりの詳しい話は本文で触れていくが、振り返れば今生きているのが不思議なくらいだ。「20代で社長」という華やかな響きとは裏腹に、底なし沼でもがきつづけていた10年だとつくづく思う。

ここまで言えば、僕の凡人ぶりがわかってもらえたのではないだろうか。繰り返すが、僕には学歴もなく、知識もなく、得意分野も才能もなかった。それだけでなく本当に浅はかな、ごく普通の人間だった。だからこそ、決して手を組んではいけない人に出会い、目の前にニンジンをぶら下げられた馬のようにホイホイとついていっていってしまったように思う。

そして人生を台無しにされ、結果として全人口の0・05％（＝1万人に5人）しか存在していない「自己破産経験者」になってしまった。タイムマシンで当時に戻れるなら、「そっちに行くな」と20代の僕を引っぱたいて止めたい。

しかし最近になって、**ふっと周りを見渡したら、自分が立つステージが何段も上がっていることに気づいた。**するといつのまにか、自分の進むべき道や毎日の仕事に迷いがなくなり、これまで以上にスピード感を持って成長できるようになった。そして、それを実感できるようになったのだ。

くどいようだが、僕に特別な才能はない。ぽんと放り込まれた厳しいビジネスの現場で、凡人であることを痛感して過ごしてきた。そんな僕が、特殊なスキルや強みがないにもかかわらず、今現在確固たる自信を持ってビジネスに向き合えているのは、凡人なりの戦術があったからだ。本書では、その戦術について話していきたいと思う。

僕の考える「凡人の戦術」というのは、選ばれし天才だけが駆使できるような、難しいものは一切ない。誰もができることだけだ。ただし、これを活用すれば**ビジネスの世界で、凡人でも十分すぎるほどの成果を出すことができる。**僕は自身の経験から、そして周囲の人間にこの「戦術」を伝えるなかで、そのことを強く確信している。


もしも今、この本を読んでいるきみが、現状に不満があったり、「どうせ才能もない、普通の人なのだから」と自分自身をあきらめていたりするのであれば、この「凡人の戦術」を少しでも試してみてほしい。「自分には特別な才能はないから」「ごく普通の人だから」などと悩む必要はない。**ビジネスの世界はひと握りの天才だけが動かしているものではなく、99%の凡人の力によって動いていくものだ。**やり方さえ知っていればあらゆる人が成果を出せる公平な場なのだということを、だから誰にでも可能性が無限に拓かれていることを、本書を通じて知ってほしいと思う。

この本が、行き詰まった現状を打破して新たな一歩を踏み出し、自分の人生を大きく変えるヒントとなれば、著者として幸いである。

目次

第2章 「才能」がないなら、これをすればいい

第3章 本気で「ビジネス」に打ち込め

第4章

「成長」の幅は自分で決める

DTP　西原康広

第1章

「行動」する人間だけが土俵に立てる

凡人でも一流になれる「1000日の法則」

新しいことを始めるとき、最初は必ずストレスがかかる。しかし、およそ3年、**1000日間やりつづけることができれば、どんな人でも、どんな苦手分野でも、絶対に最高のプレーヤーになれる。**

1年は365日ある。**1日もサボらず取り組んだ人とダラダラ過ごした人のあいだに決定的な違いが生まれるのは明白ではないだろうか。**

僕自身、20代のころは「今の頑張りが未来につながるはずだ」と歯を食いしばって努力していた。学歴も才能もない僕が優秀な人たちを追い抜くには、それしかなかったのだ。

ただ愚直にやりつづけるだけ。でも、年数が経てば、それをやりつづけた人が勝つ。ここで、それを体現する弊社社員、水野のエピソードを紹介したい。

水野は当時23歳で、中学校を卒業後、グループ会社の社員として16歳から働いていた一番の古株社員だ。ネットワークエンジニアを探しているとき、友人から紹介してもらったのが彼だった。

水野にまず指示したのは、難解で分厚い技術書を2冊渡してレポートにまとめること。16歳からずっと現場作業員をしていた彼は、きっとこれまでの人生でレポートなんて書いたことがなかっただろう。タイピングが一切できず、両手の人差し指で一つひとつ、キーを押していたことを覚えている。

基礎的なことをちょっとだけ教えたあと、最初に水野のことを「おもしろいな」と思ったのは、僕の想像を超えたレポートを持ってきたときだ。はっきり言ってレポートとしての体裁はなしていないが、内容は「初めての割には、ちゃんと本質を捉えているな」「意外と読解能力があるな」と思わされる仕上がりだった。

そこで僕は、さっそく代表の村瀬に頼み、水野を現場作業員から僕のアシスタントへと替えてもらった。そこから3年ほど地道に努力を重ね、今では営業からインフラ構築までをこなし、大手企業の仕事を受けられるまでになっている。

水野は27歳だが、エンジニアリングというひとつの分野を極めた、非常に希少価値の高い人材だ。彼のポテンシャルに期待して、次はマネジメントを教えようと思っている。

このように、どんな人でも、その人の能力を最大限に高めるのにかかるのは1000日くらいだと僕は考えている。いくら遅くても、5年もあればその道に特化した人材ができあがる。

1000日間、地道にやれば、努力の方向性が相当ずれていない限り、モノになる。PDCAを何百回、何千回と回せば、絶対に大成する。

それが僕の実感である。

1000日前、きみは何をしていただろうか?

1000日後、きみは何をしているだろうか?

変わりたいなら、次の1000日間、必死で何かに取り組んでみてほしい。**1000日間頑張れば、違う世界が待っている**はずなのだから。

ガムシャラな行動は無意味。常に「目標」から逆算せよ

人間は行動量に比例して、確実に強くなっていく。だが、ガムシャラに行動するのはおすすめできない。むやみやたらな行動は、自信の喪失につながる。なぜ自信を失うことになるのか？　それは、**ポイントがズレたまま無計画に動くと、失敗事例が積み重なってしまうからだ。**やってもやってもうまくいかないから、途中で心が折れたり、バテてしまったりする。そうすると「自分なんてダメだ」と思ってしまうのだ。

自分を強くするコツは、常に目標から逆算することだ。目標を描いて、そこに至るまでの道筋をデザインしてほしい。目標達成のために必要なことだけやって、目標に関係のないことは一切やらない。一見ドライに

思えるかもしれないが、これこそ成功のコツである。

僕が成功した要因のひとつは、この「逆算思考」だと考えている。高校時代は野球部の主将だったこともあり、全体を俯瞰して意思決定したり行動したりするのは得意だった。

その経験もあって、今となっては達成したいゴールを決めたら、**「こうすればこうなるだろう」「達成のためにはこれをこれくらいやればいい」**という仮説を立てることができる。そしてその仮説は、高い確率で的中する。

とはいえ、ビジネスの世界に飛び出した20代前半のころには、そんなことは一切できなかった。業績を上げるために必死で、現場のことを一生懸命にやっていたら切り口がぽろぽろと見つかり、それらに基づいて複数のアプローチをしていくうちに、その中の1つが当たる……という感じで、その繰り返しだった。そうして何年もかけて感度を高めていって、今があるのだ。

当時の僕に「ガムシャラにやった」という感覚はなく、どちらかというと、**戦略的にまわりを観察して、真似をしていた。**

特に参考になったのは、**他社の営業パーソンがつくる資料だ。**すべてじっくり観察して、時にはファイリングもしながら、あらゆる要素をインプットした。

これも、「理想像」がはっきりしていたからできたことだと思う。「理想像」がクリアになっているからこそ、そこに近づくために自分に足りないものは何なのか、どう努力しなければならないかを順序立てて考えることができたのだ。

やはり、重要なのは**「目標から逆算すること」**にある。

現在地を明確にして、ゴールを設定する。そして、現在地とゴールのギャップを計算する。そうすれば、あとはそのギャップを埋めるだけで、体は勝手に動いていく。

もちろん、動き出してから「これをやりつづけても目標達成につながらない」と思ったら、違うものに切り替えればいい。**それは「失敗」ではなく、「成功に近づくための材料」となるのだ。**

なお、**目標は、「達成したら幸せになれるもの」にすることをおすすめする。**

目標がないなら「資本主義社会で勝ち抜くこと」にしておけば間違いないと思う。

行動した分だけ、自分の「総合戦闘力」を把握できる

目標を設定するうえでは、自分の戦闘力を把握することが重要だ。「なんとなく」で自分の限界を決める人は多いものだが、**容量いっぱいまで行動してみて、初めて気づくことはたくさんある。**

僕は、典型的な「ゼロか100か」タイプだ。「これ」と決めたらそれに向かって突っ走るし、おそらく振り切り方が人よりも激しい。だからこそ、こなしてきた量はとんでもないと思う。失敗も成功もたくさんした。こうした経験によって、今の僕ができているのだろう。

先ほども述べたが、新しいチャレンジには違和感が伴うものだ。でも僕の場合、初めての業界で挑戦を繰り返したからこそ、違和感やストレスのスイッチが麻痺

しているのかもしれない。それが僕の強みである。

ここで伝えたいのは、**あらゆる行動は経験値になり、行動すればするだけ自分の"器"が大きくなって、「総合戦闘力」が上がる**ということだ。**器のサイズは人それぞれ決まっている。でもそのサイズは、行動してみないとわからない。器にどれだけ入るかは、行動しながら自分で気づくところなのだ。**

僕の場合、まだ器はいっぱいになっていない。これからその容量をパンパンにしてやりたい、と思っている。

多くの人は、自分の器の容量を把握しないまま、途中でチャレンジをあきらめてしまっているように見える。自分の限界を決めてあきらめてしまったり、ほかの人と比べて落ち込んだり……。

しかしきっと、ほとんどの人の器にはまだ空きがあるはずだ。「もっとやれるんじゃないか?」「そこでやめてしまっていいのか?」ともったいないように感じる。

「できなかったこと」ができるようになると、自分の器が広がった感覚になる。しかし本当は、**器が大きくなったのではなく、空いていた部分が埋まっただけなのではないだろうか。**

人生たった1回なのだから、自分の空っぽの部分をできるだけ埋めたほうがいい。そう思わないだろうか？

自分の器をフル活用できれば、できることも増えるし、大切な人に貢献できるシーンも増える。**何より、自分が楽しい。**僕はそういう人生にしたいから、器をギリギリまで埋めるためのチャレンジを続けている。

チャレンジすればするほど、「できること」が増える。それはとても楽しいことだが、大人になるにつれて「できる状態」が当たり前になり、この楽しさを忘れてしまって、チャレンジすることを忘れてしまう。

しかし、自分で自分の上限を決めて、チャレンジしなくなるのは、とてももったいないことだと思う。体力や気力がなくなる前に、どんどん挑戦してほしい。20代、30代のうちにできることを増やしておけば、40代からの人生がもっと豊かなものになるはずだ。

いわば、**若いうちの挑戦は、将来の自分へのプレゼント**なのだ。

引き際も大事。「選択」と「集中」が成功への最短ルート

挑戦してダメなら、すぐ切り上げて、別の方法を試す。これを何度も繰り返していると、経験値がたまり、より効率的に目標を達成できるようになる。

先述したとおり、僕は常に、あらゆる物事に対してゴールから逆算して動く習慣がある。そう聞くと、たいていの人は「目標達成するまで、失敗しても挫折しても、あきらめずに突き進むのだろう」と思うかもしれないが、実際はそんなことはない。

ゴールに向かって突き進んでいると、うまくいかないことにも必ずぶつかる。そんなときは思い切って1回違うことをしてみるのだ。**「突き進む↓失敗する↓あきらめて違うことにチャレンジする」というサイクルを、ものすごいスピード**

で回しているだけである。

こう言うと、「あきらめるなんてもったいない」「最後まで頑張ればいいのに」などと、困惑する声が聞こえてきそうだが、もちろんこの行動にも意味がある。それは、**失敗経験の蓄積**だ。

たとえば、Aにチャレンジして失敗、次なるBでも失敗、さらにCでも失敗、となると、AとBとCの分の失敗経験がたまる。これらは単なる失敗ではない。**「こんなふうに行動したら失敗した」という知見である。**これはそのまま、次のDにスライドできる。するとDは、登山にたとえるなら、3合目くらいからスタートできる状態になっている。

僕はこの考え方を、新規事業の立ち上げの際には特に大切にしている。

新規事業の立ち上げは、とにかくスピード重視だ。**「やってみる↓ダメならすぐやめる↓別のことを試す↓ダメならすぐやめる↓別のことを試す」**——というサイクルを次々に回していく。

「結果が出なかったらすぐ次にいく」という考え方は、新規事業以外の仕事にも有効だ。

新しく何かを始めるときは、成功パターンが見えていないため、まずは「当たって砕けろ精神」でぶつかってみる。それでダメならすぐに撤退して、別のよさそうなプランに時間を投資する。それを何度も繰り返していって初めて、成功できる可能性が生まれるのだ。

一方で、ダラダラと「もう少し様子を見てみたら、結果が変わるかもしれない」「まだ成功か失敗か判断できない」といったふうにひとつの選択肢にかけていると、いつまで経っても成功にたどり着くことはできない。

僕の場合、ものすごいスピードでPDCAを回していくので、いつも3カ月ほどで新規事業を立ち上げることができる。だが、スピードが遅い人からすると「コロコロとやることを変える、集中力のない人」というふうに見られるようで、「もう少し我慢してやりつづけたほうがいい」とアドバイスされることもある。

だが僕からすると、ムダをそぎ落として、成果を出すことに集中しているだけで、この方法が成功に至る最短のルートだと思う。

少しずつ軸をずらすだけでもいい。ダメだと思ったらすぐにやめて、別のアプローチに全集中する。

選択と集中が、成功への最短ルートなのだ。

行動が先。インプットは、あと

時代錯誤だと思う人もいるかもしれないが、**若い人には、「ハードワークをしてほしい」と伝えたい。**

特に「稼ぎたい」「人と違うゾーンに到達したい」と思うなら、特別な天才を除いて、ハードワークすること以外の選択肢はないと考えている。

なかには、「ハードワークの経験はないけれど、ここまで問題なくやってこられた」という人もいるかもしれない。でも、20年後はどうだろうか？　若いときに必死に自分を磨かない限り、年をとったら価値が下がる一方ではないだろうか。

特にダメだと思うのは、**本を読んだり動画を見たりしただけで「やった気になって終わり」という人だ。**本当に成長したいなら、インプットする前に、まずはアウトプット（行動）してほしい。**まずは行動して、そのあとにインプットする。**この順であれば、インプットする内容を経験に基づいて「自分ごと化」できるため、吸収が速くなる。

ここで、友人に「話を聞いてあげてくれないか」と頼まれて面談したBくんの話をしよう。

Bくんはニューヨーク在住のビジネスパーソンで、32歳だ。某有名企業に在籍しているが、きっと期待の人材なのだろう、会社のお金で数年間留学させてもらっている。

そんな彼は「日本に戻ったら起業したいんです」と言う。理路整然とした話しぶりで、たしかに頭がよさそうだ。しかし、事業計画はなかった。はっきり言って、ビジネス構想に関しては、僕が20代前半だったころと変わらないレベルだった。

彼と話しながら、僕は「口だけで、絶対に起業しない人だ」と察した。しかし、友人から紹介された人ということもあり、むげに扱うわけにもいかない。そこでアドバイスとして「まずは会社の登記をやってはどうか」とすすめた。すると、「有給休暇を消化してから……」などと言っていたが、正直、知ったことではない。

僕はこれまで、こういう人をたくさん見てきた。**夢を語るばかりで行動に移せず、5年経っても10年経っても、何も進んでいない人たちだ。**その人たちの計画を見せてもらうと、たしかに立派だ。「本をたくさん読んだんだろうな」と思うような、すばらしい出来栄えである。

しかし、**いくら完璧な計画があったって、行動しなければ何の価値もない。**計画だけでは投資家は応援してくれないし、金融機関も決してお金を出してくれないだろう。

本当にやりたいなら、まずは行動すること。僕はそう思う。

最初の一歩をなかなか踏み出せない気持ちはわかる。だが、だからこそ、**登記でもして「もうやるしかない」という状況に自分を追い込むしかないのだ。**

もしBくんが32歳ではなく22歳だったら、お金はないけど思い切って独立し、必死に奮闘した10年があったとしたら、きっと全然違う世界が待っていただろう。

僕はBくんに対し、正直「起業したいと思った瞬間に動き出していればよかったのに」と思ったけれど、結局何も言わなかった。

「金もあるし、頭もいい。でもなかなか動けない」よりも、「金はない、頭も悪い、でも会社をつくった」のほうが、はるかに成功率が高い。

頭でっかちになってしまうと、一歩を踏み出すのは難しい。しかも、起業自体を先送りしているようでは、たとえ会社をつくったって勝てるわけがない。

だからこそ、何はなくとも「行動」が先。インプットは行動したあとでも十分なのだ。

人が嫌がる仕事を選ぶ

前項では、「頭はいいが行動できない人」について話したが、次は**「きつい仕事や難しい仕事を避ける人」**について話したいと思う。

僕の経験上、中途半端に賢い人ほど、きつい仕事や難しい仕事を嫌がる傾向にある。でも、**きつい仕事からしか得られないものは絶対にある。**

特に20代のうちは、きつい仕事を積極的にこなすことで強みができるし、その経験を複数積めば、大きな価値になる。

僕は昔から、どんなにつらい仕事でも率先してやることにしている。仕事の愚痴を言うこともない。理不尽な仕事だったとしても「この仕事をしないといけないのは、自分のレベルが低いからだ」と考える。

今、「劣悪な環境で働いている」と感じている人たちに伝えたいのは、自分の手でその環境を変えたらいい、ということだ。

ひどい環境を改善できれば、それはすごいノウハウになる。その経験があれば、今の職場にとどまることもできるし、転職するときも引く手あまたな状態なるはずだ。

少し偉そうに語ってしまったが、これは僕自身の実体験でもある。

正直、これまでの職場ではモヤモヤすることもあった。でも、だからといってあきらめずにチャレンジすると、状況がそれなりに好転したのだ。

そこで得たノウハウは僕の宝物になっているし、ちょっとやそっとでは折れない強靭なメンタルも手に入った。そうして得たものが、今の僕の糧になっている。

考えてみれば、この考え方は小学生のころから変わらない。強いチームと弱いチームがあって、どちらに所属するかと聞かれたら、あえて弱いチームに入って、そのチームを強くすることを選ぶタイプだった。それは自分にしかできないことだと思うし、環境が変われば全員ハッピーだし、自分の価値が上がれば僕もハッピーだ。

ここでもうひとつ、伝えておきたいことがある。

それは、**向き・不向きはあるにせよ、厳しい環境や他の人が避ける仕事のほうが、自分の価値がアピールしやすい**ということだ。

なぜなら、**そういった場所に飛び込んでいける人はあまりいない**からである。

当たり前だが、人が嫌がるような仕事を引き受けたり、それを無事に着地させたりというようなことは、誰もやりたがらない。特に頭のいい人ほどやらないことではないだろうか。だって、勝算があまりないのだから。

でも、だからこそあえて飛び込んでほしい。ラクできれいな仕事は、それしかできない人に任せておけばいい。僕はそうした哲学のもと、雑用もめちゃくちゃやってきたし、理不尽のようにも思える礼儀礼節にも従ってきた。だからこそ、「自分にしかない価値」が、自然と確立されてきたのだと思う。

「苦労しそうな仕事」からしか得るものはない

行動しようとするときには、いくつもの選択肢があるものだ。

これをわかりやすい例で説明しよう。きみの目の前に、ふたつの道があると考えてほしい。ひとつは平坦で、いつもどおりにやればうまく通り抜けられそうな道。もうひとつはデコボコで、歯を食いしばって進まなければいけないような道だ。

こんなときはぜひ、**後者の道を選ぶ勇気を持ってほしい。「自分にしかできない道」を突き進めば、他の人にない価値が光り、大きなものが得られる**はずだ。

「イバラの道を進んで苦労したって、将来成功できる保証はない」と思うかもしれない。その気持ちはよくわかる。僕自身も若いとき、目の前のつらく長い道がどこかにつながっているなんて、まったくわからなかった。それでも、誰もやりたがらない道にあえて身を置いた。そして自分を鍛えてきたのである。

誰もやらない仕事にチャレンジして、それを見事にやり切る。そこから、たくさんの知恵やノウハウを手に入れる。それを100も1000も積み重ねてきたからこそ、今の僕があり、ハートもすっかり強くなった。

「迷ったらきついほうを選べ」とは、よく自己啓発書なんかでいわれることだ。しかし僕はもう一歩踏み込み、**「苦労しそうな仕事からしか得るものはない」**と断言したい。

簡単な仕事なんて、いつやっても十分できるはずだし、そこから得られるものはほとんどない。だからそれよりも、まだできないことにチャレンジしてほしい。

特に若いうちは、ストレッチ（背伸び）経験を繰り返したほうが、絶対にいいのだから。

若手のうちは、できないことがいっぱいあって当たり前だ。だからこそ、疲れたり失敗したり叱られたりするのが怖くて、楽にできるほうを選んでしまいがちなのだろう。

しかし、**「とりあえずきついほうを選ぶ」というスタンスでいれば、成長への最短ルートを歩める**のだと、僕は考えている。

「観客席の人間」ではなく「選手」になる

本を読んで満足して行動に移さない人や、自分は何もしないのに他人を批判してばかりいる人のことを、僕は**「観客席の人間」**と呼んでいる。

スポーツの試合をイメージしてほしい。たとえばサッカー。そこには、試合に出てプレーしている人と、ベンチで控えたり試合を監督したりしている人、そして観客席でゲームを観戦している人がいる。

そのうち、最前線に立って動いているのは、ゲームに出場している選手だけだ。ベンチにいる人は、傍観とまではいかなくとも、自分の体を動かしてはいない。そして一番ゲームから遠いのは、観客席に座っている多数の人たちである。彼らは試合を上から眺めているだけだ。それなのに観客たちは、応援している選手がちょっとミスをしただけでヤジを飛ばす。

よく考えてみると、これはおかしいことではないだろうか？　自分でリスクをとることなく、あれこれ論評しているだけなのだから。

サッカーを例に出したが、ビジネスにおいても、観客タイプの人間はたくさんいるように思う。

先ほど紹介したニューヨーク留学中のBくんも、そのタイプかもしれない。厳しい言い方をすれば、頭でっかちになってしたり顔で計画を語るだけで、自らアクションすることはないタイプだ。

この本を読んだきみが、ゴールに向けてひたすら走りつづけたり、たくさんのスキルを得ようと努力したりしたとき、きみの周りには観客タイプの人間がたくさんいるだろう。彼らはきみのことをバカにするかもしれないし、足を引っ張るかもしれない。「おまえには無理だよ」「もうあきらめたら？」なんて言ってくるかもしれない。

でも、**観客タイプの人間の言うことは無視していい。**そういう人は、「自分がその人の立場だったら？」という思考ができないだけだ。**実際に行動するのはきみ自身なのだから、自分のやりたいように、好きにやればいい。もっともっと、自己中になっていい。**

自ら積極的に行動して、チームや組織に貢献するのは、ビジネスパーソンとして最低限の行動である。

僕の感覚では、日本人には、積極的に前に出ていこうとする人が少ないように思う。だからこそ**「自分がやってやる」という感覚を持てれば最強だ。**観客タイプの人間や指示待ち人間が多いからこそ、積極的にマウンドに立つ人はひとり勝ちである。そこで主役になってしまえば、周りの信頼を獲得して、ポジションも年収もどんどん上がっていくだろう。

もしも自己中になることに恥ずかしい気持ちがあるなら、「どんどん動く奴」というキャラを演じてしまえばいい。

演じているうちに、まわりの人はきみを「動く奴」として扱うようになるし、きみ自身の自己評価も変わっていく。

ここまで語ってきたが、実は僕自身、前に出るのは苦手なタイプである。しかし「仕事だから」と思うと、不思議と「選手」になることができる。それは「選手」でなければ存在価値がないと思っているからだ。

僕が関わったからには、絶対に成果を出してみせる。きみも、そんな強い気持ちを持って、日々取り組んでほしいと思う。

自分の得意分野なんてわからなくていい

この書籍の制作期間中、出版社の担当編集者さんから次のように指摘された。

「最近、得意分野を伸ばして苦手分野は捨てようというアドバイスが主流ですよね。前田さんのこれまでの行動って、それと真逆じゃないですか?」

考えればたしかにそのとおりだが、その理由は明確である。**「自分の得意分野が何かなんて、わからなかったから」**だ。


自分の得意分野や強みを明確に把握できている人なら、得意分野に集中するという戦略もとれるだろう。でも僕の場合、何が自分の得意分野なのかがわからなかった。いや、正直に言えば、**得意なことなんてなかったのだ。**だから**「できることをひとつずつ増やす」**という選択肢しかなかったのである。

やがてそれなりに仕事ができるようになって、自分の強みがぼんやりと見えてきても、僕はやっぱり次々に新しい分野に挑戦していった。営業、経営、採用、人事、経理。その理由はシンプルで、何でもできるほうが楽しいに決まっているからだ。

いろんな業界に関わりたいし、いろんな部署で、いろんなポジションの仕事をしたい。そんな欲張りなタイプだったから、ひとつの強みを尖らせるより、複数の武器を獲得することを目指していた。

だから、当時の僕のように「得意なことや強みがわからない」「何もできない」と思っている人は、臆せず何にでも挑戦してみてほしい。得意分野がわからなかったり、できることがなかったりするなら、「今は全部やってみる時期だ」と思い込んでしまえばいい。

大事なのは、自分で自分にブレーキをかけないことだと思う。

「できること」の幅が広い人は、意外と少ない。たいていの人は「営業しかやってこなかった」「新卒配属が経理で、その後もずっと経理」というパターンではないだろうか。

それはそれでひとつの戦略だし、分野を絞ったほうがスキルを磨きやすいのかもしれないが、もし万が一、その仕事のバリューが下がってしまったら一巻の終わりである。

「自分はこれしかできないから」と言う人もいるだろう。でも僕からすると、**そういう人は考えるのを放棄している**ように思う。そうやって決めつけてしまったほうがラクだからではないだろうか。

しかし、「これしかできない仕事」は、本当にあなたに向いているのだろうか？　やってみたら、他の仕事のほうがもっとうまくできる可能性がある。

こうして多くの人は、自分で自分の可能性を狭めてしまっているのではないだろうか。

特に将来、起業したい人は、ひとつの分野だけ伸ばしてもダメだ。**経営者であ**

れば、自分ができることを増やせば増やすほど、会社の価値が高まっていく。それに、やったことがない仕事を人にやらせるわけにはいかないだろう。

だから、経営の仕事だけに集中するのではなく、営業も、経理も、人事も、採用も、総務も、バックヤードも、ひと通り経験する必要がある。

仕事は、たくさんのスキルがあったほうが絶対に楽しい。振られる仕事が増えるし、いろんな人と関われる。人材価値が上がり、自信がつく。

騙されたと思って、ゼネラリストを目指してほしい。

行動する理由は自分で決める

同年代の友人と会うと、「おまえはすごいな。どんどん挑戦していて」と言われることがある。そんなとき、僕は決まって「おまえも、今からでもやってみたらいいじゃん！」と返すのだが、すると「妻が／夫が／子どもがいるから無理だよ（笑）」と、家族を言い訳にして笑い飛ばされることがよくある。

僕は、こういう人が不思議でならない。

「何かのせいで無理だ」なんて、誰が決めたんだろう？
自分の行動を誰かに縛られるなんて、つらくないんだろうか？
死ぬ間際に「あれをやっておけばよかった」と後悔しても、まだ「何かのせい」にするんだろうか？

行動する理由は、自分で決めたい。「〇〇のせいで無理だ」「××だから（独身だから、既婚だから、地方在住だから、お金がないから、学歴がないから、まだ若いから、いい歳だから、親がダメだと言うから……）できない」なんて、一番ダサい言い訳ではないだろうか。

もちろん、いろいろ考えたすえ、挑戦しないという結論になることもあるだろう。それでも、その理由を誰か／何かのせいにして、思考停止するのは愚かなことだと思う。

本当にやりたいなら、挑戦する方法を一生懸命考えてみればいい。**結論は関係なく、「本気でやろうとしたかどうか」が重要なのだ。**

ヘレン・ケラーの名言に、次のようなものがある。

本物の人格は、安楽と平穏からはつくられることはない。挑戦と失敗の苦しみの経験を通してのみ、精神は鍛えられ、夢は明確になり、希望が湧き、そして成功が手に入る。

――こうして初めて本物の人格が手に入るのだ。

この名言が示すように、犠牲なくして何かを手に入れることなんてできない。安楽と平穏の日々を過ごすという選択をしたなら、それはそれでいいだろう。だが、**成功を手にしたいなら、挑戦と失敗が不可欠だ。**そして、その経験がきみの人格をつくり、人生を変える力になっていく。

僕自身、人生においてさまざまな選択に迫られてきた。そしてそのすべてにおいて、自分で決断を下してきた。野球を続けること、大学を中退すること、1社目で営業に挑戦すること、仕事を選ばず何でもやってみること、会社をつくること、仕事で大きな成果を出すこと、自己破産して上京すること……。振り返ってみれば、こうした決断のすべてが、僕をつくってくれたのだと思う。

決断がすべて〝正解〟だったとは断言できない。しかし、下した決断を〝正解〟にするための努力を重ねてきた自負はある。

「○○だから無理」と自分を納得させるのは簡単だ。けれどそのあきらめはきっと、あとになってきみを苦しめるように思う。

やりたいことがあるなら、なんとかそれに挑戦するための工夫をする。あきらめるのは、そのあとでも遅くない。

落ち込まなくなるまで、やる

僕は、落ち込むことがほとんどない。高校生くらいまでは失恋してクラッシュしたこともあったけれど、前回落ち込んだのがいつだったか、もう思い出せないくらいだ。

どうして落ち込まないのか。ひとつは、僕の開き直りのよさにある気がする。そしてそれ以上に大きな要因は、これまで壮絶な経験をしてきたことだろう。大学を中退したあと、最初に就職した会社では、あまりに仕事ができなくてクビになった。そのあとは「はじめに」でも述べたとおり、自己破産を含めていろいろな経験をして、本当に強くなったと思う。普通の人なら、1年ももたずにギブアップしていたかもしれない。

そして最も大きな要因は、**「落ち込まないくらい、やり切る」**と決めていることにあると考えている。

自分のすべてをなげうってひとつのことに打ち込むと、「ここまでやってうまくいかないなら仕方ない」と思えるようになるのだ。

一方、中途半端に取り組んでいると、失敗したときに「もっとやっておけばよかった」「自分のせいだ」と後悔することになる。「ああすれば」「こうすれば」と後悔するのは、やり切っていないからなのだ。


これは、たとえばクレームを受けたときなども同じだ。ショックを受けるし、上司に叱られたりすることもある。対応で忙しくもなるだろう。

でも、ここで決して動じてはいけない。クレームはどうしたって起こりえることだ。僕の場合は、「クレームは改善のタネだ」と捉えているし、「そういった事態が起こりえることはわかっていたから大丈夫、想定の範囲内」と思うだけである。だから実際に、クリティカルな事態には発展しないよう、常に準備をしている。

常に「やり切る」姿勢でいれば、落ち込むことはそうそうない。もしも失敗しても、それは「改善のタネ」になるし、その経験を積み重ねて次に進めばいい。

僕はそんなふうに考えている。

「悲劇のヒロイン」になるのはマクロな視点がないから

よく「明るい未来が想像できないんです。どうしたら今の苦境を乗り越えられるでしょうか?」と相談されることがある。

そんな人に僕がアドバイスするのは**「絶対に未来はよくなる」「きついのは今だけ」と開き直ってみよう、**ということだ。

苦しみの渦中にあるときは、誰しも明るい未来を想像できないものだ。どうしても「悲劇のヒロイン」状態になり、自分の置かれたミクロな状況ばかりに目がいってしまう。

「ここのところ、失敗続きだ。僕はなんてダメなんだ。もうつらくて仕方ない」

「売上目標を達成していないから、来週の営業部会議では部長に叱責されるに違いない。辞めてしまいたい」

こんなふうに、目先の状況ばかりに目がいってただただ悲観してしまう、という経験はないだろうか？

でも、それは捉え方しだいだ。ものは試しに、**マクロな視点を持って、今の苦しい状況を俯瞰してみてほしい。**すると、また別のものが見えてきて、前進する力が得られるかもしれない。

「つらいこと」をまともに直視するのではなく、違った視点で見ること。「負のスパイラル」にはまってしまったとき、ぜひ試してみてほしい処世術だ。

第2章

「才能」がないなら、これをすればいい

「得意」を見つければ、最速で成長できる

僕は現在、自分の会社を経営するとともに複数社の経営にも携わっているから、「ビジネスの才能があるんですね」と褒めていただく機会も少なくない。

たしかに人並み以上に努力をしてきたつもりだし、本当にありがたいことに、人や運にも恵まれてきた。でも、「あなたにビジネスの才能はありますか?」と聞かれたら、間違いなく「ノー」と答えると思う。

「才能がなければ、会社の規模を大きくできない」
「才能がなければ、社会的インパクトのある実績を残せない」
「才能がなければ、お金持ちになれない」

こんなふうに考えている人は多いのではないだろうか。しかし僕の経験上、ビ

ジネスで大切なのは才能ではない。**何よりも、「数ある得意（強み）で勝負すること」が大事**だと考えている。

最近、日本の教育やビジネスシーンでは、欧米を参考に「得意を伸ばそう」という考え方が強まっている。まだまだ「苦手を克服しよう」という旧態依然とした方針は残っているものの、「弱い部分に対して寛容になろう」「その人の強みを生かせる職場環境を用意しよう」という意識は、以前よりもずっと高まっているように感じたことはないだろうか。

もちろん、僕もこの「得意を伸ばそう」という考え方には賛成だ。ただ、ひとつ疑問がある。

世の中の人は、みんな「得意」を見つけられているのだろうか？

3年ほど前、『世界一やさしい「やりたいこと」の見つけ方』（2020年、KADOKAWA）という本が出版され、25万部を超えるベストセラーになった。こういったテーマの本は他にもたくさん出ているし、SNSでもYouTube

でも同様のテーマは数え切れないほど存在する。

この現象は、「得意どころか、やりたいことすら見つからない」「やりたいことを見つけなければ幸せになれない」と思っている人が多いことの裏返しではないだろうか。


前章で述べたように、今でこそ「経営」と「営業」を軸に強みを増やしている僕も、20代のころは自分の得意分野が何かなんてわからなかった。でも、そこで無理に探そうとは思わなかった。頭を使っても見つからないことが感覚的にわかっていたからだ。代わりに、**とにかくいろんなポジションの仕事を経験し、できることを増やすことにした**わけだ。

経験を重ねるなかで「できないこと」「できるけど、やりたくないこと」「やりたいけど、できないこと」などいろんな発見があった。失敗も数え切れないほどしたし、バカにされたり怒られたりしたこともあった。しかし今思うと、当時の「できることを増やす」という選択肢は、間違っていなかったと思う。

人によって時期は異なるだろうが、僕は20代でできることを増やした結果、

「得意なこと」がいくつも見つかった。

「自分はこれしかできないから」と思い込むのではなく、得意なことをもっと見つけにいく。その数が増えることで市場価値（＝ポータブルスキル）が上がり、「自分はどんな状況になっても大丈夫」という自信になる。そして、それがビジネスの成功につながっていく。

これが、才能がない僕たち凡人の基本的な成功戦略だと考えている。

天才と思われている人のほとんどは情熱家

「ビジネスの天才」といえば、きみは誰を思い浮かべるだろうか？　孫正義さんや藤田晋さん、堀江貴文さん、柳井正さん。スティーブ・ジョブズやイーロン・マスク、ジェフ・ベゾスあたりの名前をあげる人もいるかもしれない。

彼らはまさしく「天才」であるが、僕は彼らが成功した理由を、才能やセンスにあると考えてはいない。その成功要因は「情熱」と、それに伴う「圧倒的努力」にあると思う。

ビジネスの世界で必要なのは、才能やセンスではなく、情熱と努力だ。それがあれば、誰だって成果を出すことはできるのではないだろうか。

この考え方が形づくられた背景には、中学・高校とやっていた野球での経験がある。ビジネスとは違って、スポーツはほとんど完全に才能やセンスの世界だと思う。教えてもらってもいないのに、やたらリズミカルに、なめらかに動ける奴はごろごろいた。そうした天性の才能みたいなものを備えている人との差は、いくら練習しても埋まることはなかった。だから僕は、甲子園には出場したものの、プロ野球選手になろうなんて考えたこともない。

どんなに情熱を持って一生懸命努力しても、めちゃくちゃうまくなることはない。それは僕が人生で初めて経験した挫折だったかもしれない。

しかし、ビジネスの世界は違う。僕の話で言えば「はじめに」にも書いたように、僕は現在38歳で、人生の半分を経営者として過ごしてきた。自分の会社のCEOを務めているほか、別の会社の最高執行責任者という立場にもある。

「すばらしい経歴ですね」「きっとエリートなんでしょう」と言ってくれる人もいるが、実際は決してそうではない。繰り返すが、大学を中退したあと、最初に就いた営業の仕事は2カ月でクビになった。**僕は「契約がとれない・遅刻する・上司の言うことを聞かない」の三拍子が見事に揃った、あまりに仕事ができない**

奴だったのだ。ちなみに、当時の僕が今採用面接にやってきたら、僕は絶対に採用しない。

そのときの僕は「自分なら、やればできるだろう」という根拠のない自信を持っていた。世の中を舐めていたと言ってもいい。高校では甲子園に出場したし、勉強も少しやっただけでできたから、仕事もそんなノリでなんとかなるだろうと思っていたら、つまずいて挫折した。

そこで最初の会社をクビになったあと、僕は仕事の定義を変えた。具体的にいえば、**「仕事＝生きるためにするもの」と思うようにし、生きるためであればどんな仕事でも真剣に、全力で取り組もうと決めたわけだ。**

実は、知り合いから紹介してもらって、とび職に就いたこともある。とび職は実際にやってみると、想像以上に頭を使うものだった。最初はすごく苦労したが、3カ月くらい必死で食らいついていたら、あるときから急に仕事ができるようになった。

「なんだ、仕事って、熱意を持って地道にPDCAを回したら、できるようにな

るんだ」

これが、とび職の経験から得た最大の気づきだ。その気づきをもとに、もう一度営業にチャレンジしたところ、初月からみるみる業績が上がった。

その会社にいたのはわずか10カ月ほどではあったが、ずっとトップランクの成績で、年収は1000万円近くになった。21歳ごろのことだ。とはいえ、そこからは紆余曲折を経て従業員100名、年商10億円にのぼったものの、32歳で自己破産に至るわけだが……。

僕は決してビジネスの才能があるわけではないし、エリートでもない。僕は「仕事＝生きるためにするもの」という定義から、**とにかく生き抜くことに情熱を注いだ。**そしてひたすら行動し続けた。それは、人から見れば「努力」と映るのかもしれないが、僕としては努力したつもりはなかった。その状態が僕にとって「普通の状態」となるまでやり続けただけだ。

「自分にとって違和感のない状態をいかにつくるか」は、僕が重視しているポイントのひとつだ。いわば**「標準化」**で、そういう状態をつくり出せたら相当強い。

僕は、「生き抜くことに情熱を注ぎ続ける」という状態を、自分のデフォルトにしたわけだ。

冒頭に述べたような、誰もが知るカリスマ経営者たちは、**初期からずっと、仕事に情熱を注ぎ込み、ハードワークをひたすら続けている。**それが成功の理由なのではないだろうか。

もちろん、彼らは仕事や事業に情熱を注いでいたのだと思う。それはとても崇高なことだが、情熱を注ぐ対象は、僕のように「生きるため」であってもいい。

情熱の向かう先は、好きに決めていい。**大切なのは、情熱をもち続けること**だ。情熱は、あらゆる「努力」や「行動」の原動力となるのだから。

「未来90%、過去10%」の黄金比で、物事を考える

「組織がうまくいっていないときは、仕組みだけがダメなんじゃなくて、ヒトの問題もありますよね。結果の出ていないメンバーはモチベーションが低くて、行動しないから結果も出ないという負のスパイラルに陥っている気がします。そんなとき、前田さんならどうやってメンバーを動かしますか？」

これは先日、知り合いから受けた相談だ。僕は次のように答えた。

「結果の出ていないメンバーも、〝できない〟んじゃなくて〝できないように

なっている〃というだけなんですよ。いわば〃自己不信ルーティン＝できないルーティン〃に入っちゃってるだけ。そのルーティンを変えることから始めたらいいいと思います」

「自己不信ルーティン」を改革するには、「できる」から入ることが何よりも大事だ。 しかし、一般的な組織はその逆をいっている気がしてならない。「なんでできなかったんだ？」「反省しろ」と、パフォーマンスの低いメンバーを責めることが多いのではないだろうか。そんな話をしてもつまらないし、社内の雰囲気を悪くしてしまうだけだ。

僕が心がけているのは **「なんでできなかったんだ？」ではなく「どうやるか？」を考える組織をつくること。** 後ろばかり見ていても意味はない。楽しくもない。個人的には、**未来を90％、過去を10％くらいの割合で見るのがちょうどいい**と思っている。

そうすると、「できない理由」ではなく「いかにやるか」「さらによくするにはどうすればいいか」を語り合う、明るい組織ができるだろう。

毎日、前向きな会話が飛び交うようになると、パフォーマンスは自然と上がっていく。そう断言できる。

特に、超有能なメンバーがいない、凡人を集めた組織であればあるほど、その傾向にあると思う。もともとマイナスである分、コツコツ取り組むだけで簡単に成果が上がるし、上がり幅が大きく見えてやる気が出るからだ。

僕自身、うまくいっていない組織を改革する役割を担うことが多い。そういう組織でも、メンバーは決して能力がないわけではない。ああだこうだと言い訳をしたり、「どうせ自分なんて」と立ち止まったりして、真剣に取り組んでいないだけなのだ。そういう人たちを見ると、「もっと可能性があるのに」と残念な気持ちになってしまう。

そんなとき、僕の場合は、**「そんな話をしている暇があったら、お客さまのために動こう」**と言って、言い訳や愚痴を断ち切り、少し強引にでも役割を決めて**「自分の役割に集中して、前だけ向いてやってみよう」**とアドバイスする。そうすれば誰でも成果が出せるということを、経験から知っているからだ。

僕は、マイナスの大きいチームがプラスに転じていく瞬間を見るのが好きだ。成果が出れば、みんなの目が輝き、背筋が伸びる。自信がみなぎり、自発的に動くようになり、さらに大きな成果を出していく。この瞬間を間近で見るたびに、幸せを感じる。

「自己不信ルーティン」に陥っている人は、今すぐ抜け出してほしい。**才能なんていらない。「できる」と信じて動けば、成果は絶対に出せる。**

日本は「凡人でも勝ちやすい社会」である

「はじめに」でも述べたように、**ビジネスの世界は、誰でも勝ち上がれるフィールドだ。**たとえ特別な才能がない凡人でも、努力さえすれば、目指す姿になれる。僕はこれまでの経験から、そのことを確信している。

もちろん、「一朝一夕に成果を出せる」とは言わない。第1章で「1000日の法則」を紹介したとおり、1000日間だけでも本気で打ち込めば、その分野でそれなりの成果を出せる。

特に日本は、努力しだいで勝ち上がれる社会だと思う。10年あれば、業界のトッププレーヤーになることだって十分に可能だ。中国のような、人口が多く誰もが朝から晩まで勉強しているような国だともう少し時間がかかるかもしれないが、日本なら勝ちやすい。日本にはまだまだバイタリティのある人が少ないためだ。しかも今の日本は超高齢社会で、若い人が少ない。**10年というスパンで長期的に努力できる人は、ほぼ確実に勝てる**だろう。**勝つためには、今こそチャンスである。**——そう考えると、行動する勇気がまたひとつ湧いてくるのではないだろうか？

僕個人の経験からすると、**特に東京は、最も勝ちやすい市場**だと思う。「競合が多いから勝ちにくいのでは？」と思う人もいるかもしれない。たしかにライバルは多いが、しかしそれでも、日本で一番働きやすく凡人でも勝ち上がりやすいのは東京だ。

僕はかつて名古屋で会社をやっていたが、地方の仕事は利権ベースであることも多い。「○○さんの紹介」や「××さんのつながり」といったコネがないと、話さえ聞いてもらえないこともしばしばだった。

都心のような「自分がいいと思ったら、たとえ新しいものでもどんどん試す」というマインドの方はあまりいない。大手企業のサービスや伝統的なアプローチを選ぶ傾向が根強く、僕のような若造は門前払いされることも多かった。誰かに「新規顧客を開拓したいんですが、どなたか紹介していただけませんか？」と頼むと、「紹介料を」と必ず言われる。「○○社の社長からの紹介じゃないと、話は聞かないよ」というベンチャー企業経営者にも多く出会った。一緒にゴルフに出かけたり、飲み会を開いたりしないと口を利いてくれない人もいた。昔ながらの仕事のやり方が残っている感じだ。

もちろん、どちらがいい・悪いという話ではない。ただ、仕事がしづらいというのが正直な感想だった。

そう考えると、東京は本当にビジネスがやりやすい街だ。つながりがなくても、歴史の浅いベンチャーであっても、サービスの質さえよければ話を聞いてくれる。即断即決で話が決まっていく。みんなフレンドリーな雰囲気で、気の合う者同士、すぐにコミュニティがつくられる。「東京のビジネスはなんてイージーなんだ！」

と軽く感動さえ覚えてしまったほどだ。

僕も地方出身なので、地方のビジネスパーソンが「東京で通用するはずがない」「東京は怖い」と臆してしまう感覚はよくわかる。でも、**一番イージーで戦いやすい市場は東京なのだから、思い切って上京してみるのもひとつの手だ**と思う。

勇気を出して行動すれば、きっと別の世界が開けるはずだ。

圧倒的なパフォーマンスを出して「仕事を選べる」状態になるために

30代後半になった僕は、こんなことをよく聞かれるようになった。

「最近の若い人って、ワーク・ライフ・バランスを重視する傾向にありますよね。〝働くこと＝悪〟と言わんばかりに、いかに働かずに生きていくかを考えている人も多くいます。前田さんは、そんな若手世代をどう思いますか？」

僕は昭和生まれなので、現代の世間の常識からは少しズレているかもしれないが、第1章で述べたとおり、**ワーク・ライフ・バランスなんて、ハードワークを**

経験したあとにしか実現しえないものだと思う。

20代から30代前半にかけて必死に働いた経験があるからこそ、30代後半以降にバランスのいい生活を送れるのだ、と。

若手世代が「ワーク・ライフ・バランスを整えたい」というのは、「嫌なことはやらない」「チャレンジはストレスになるので遠慮する」というのとイコールだ。そうなると、ロクな経験が積めないまま年をとっていき、「若くないのに仕事ができない人」として、言葉は悪いが「使いづらい人材」になってしまう。

そんな事態に陥らないように、若いうちにどんどん難しい仕事や新しい仕事にチャレンジして、経験を積んでおく必要があると思う。**経験を積めば、スキルが身につき、人脈もできて、やがて仕事を「選べる」ようになる。**それがワーク・ライフ・バランスに直結するはずだ。

世界はすさまじいスピードで変化している。今、きみがフリーランスのＷｅｂデザイナーとして、在宅で快適に働き、なんとか生計を立てているとしよう。

きっと「年をとって体力が低下しても続けられる仕事だから、将来は安泰だ」と思っているに違いない。

だが、それは誤解だ。3年後にきみの仕事が残っていると断言することはできない。かろうじて残っていたとしても、報酬がぐんと下がっている可能性もある。

本書の執筆中にはChatGPTの誕生が大きな話題となったが、**「AIに仕事を奪われる世界」は、すぐそこまで来ている**のだ。

そうしたリスクを考慮すると、20代の間、Webデザインというひとつの仕事だけをのほほんと続けているのは、かなり危険なことではないだろうか。「業界を代表するスペシャリストになる」という気概があるならともかく、そうでないなら、20代で「ほどほどに仕事をして、ワーク・ライフ・バランスを重視」なんて、僕だったらそんなリスキーな生き方はとても選べない。

もちろんこれは、Webデザイナーにかかわらず、すべての仕事においていえることである。

特に今の若者たちには、**自分の価値を高めることに振り切ってもらいたい。ま**

ずやるべきことは、今の部署やチームで、誰よりも高いパフォーマンスを出せる人になることだ。

「自分には無理！」と思うかもしれないが、チーム内で一番になれないなら、他のコミュニティでは絶対に必要とされない。まずは「チーム内の1位」を目指して、どんどんステップアップしてほしい。

チーム内で1位になれば、周りの見る目が変わる。任される仕事の規模やレベルも徐々に変わっていくはずだ。

そうすればますます実力がつき、幅広いスキルも身について、さらに大きな仕事を任される。このサイクルに入るのが肝心だ。

「会社でいくらステージを上がっても、理想とするキャリアにはつながらない」と思っていたり、「上が詰まっているから、いくら成果を出しても出世できない」という状況にあったりするなら、転職や独立も選択肢に挙がってくるだろう。

強みは「かけ合わせ」でつくる

僕は、**自分のカード（経験やスキル、知識、人脈）を増やしておくことが、将来の一番のリスクヘッジになる**と考えている。

Aがダメなら Bに替えればいいし、Bがダメでも Cがある。たとえ業界が傾いたり、自分の心身に不調が発生したりしても、複数の選択肢があれば生き残れるだろう。

一つひとつのカードは、少々薄くてもかまわない。**とにかく複数のカードを持っておき、状況しだいで選んだり、それぞれをかけ合わせたりすることに価値がある**のだから。

教育改革実践家で、東京都で初めて公立中学校の民間人校長を務めた藤原和博さんは、「100万人に1人の存在」になる方法を**「100人に1人のスキルを3つ持っておくこと」**と語っている。

たとえば、「イラストが100人に1人のレベルでうまい」「読書量は日本人の上位1%」「100人でプレゼンコンテストをしたら、自分が1位だと思う」のであれば、「イラスト力×読書量×プレゼン力」では100万人に1人の逸材だ。

持てる強みを使って、動画配信サイトなどで「イラストでおすすめの本をプレゼンするチャンネル」を開設すれば、他に敵なしではないだろうか。

とにかく重要なのは、**一つひとつは薄くてもいいから、複数のカードを身につけること。**それらをかけ合わせることでカード＝武器の戦闘力はアップするし、いつかそのスキルが役に立つ日が来るかもしれない。

仕事も自分も「俯瞰」して考える

前章でも触れたが、僕には物事や課題を俯瞰するクセがある。「俯瞰」とは鳥のような高い目線で物事を見おろすことだが、「神の視点」といってもいいかもしれない。

対象を高い位置から眺め、その全容を把握する。そうすれば、**手っ取り早く本質が理解でき、スピーディーに習得したり、解決したりすることができる**のだ。

さらにそこに「行動力」があれば、まさに最強である。**「俯瞰する↓本質をつかむ↓行動する↓俯瞰する↓本質をつかむ↓行動する」というサイクルをものすごいスピードで回すことができれば、才能なんてなくても、ぐんぐん成長してい**

ける。普通の人が10年かかるところを、3年で進めることだって可能だろう。

チームスポーツ経験のある人は、この「俯瞰力」が自然と磨かれているかもしれない。

元プロサッカー選手の中村憲剛さんは、ある記事の中で「俯瞰力を身につけると、プレーの質が上がる」といった発言をしている。観客席から俯瞰的にゲームを見ていると「右サイドが空いている、そっちを狙え！」「おいおい、後ろから敵が来てるぞ」などとわかるけれど、プレーしている本人が目の前しか見ていないと、そのような状況に気づけず不利になる——要約すれば、そんな内容だ。

観客席（上）からピッチを見るのと、同じピッチ（平面）から見るのとでは、見えるものがまったく違うのだ。

僕自身、野球部時代に俯瞰力が培われたように思う。キャプテンとして、常にチーム全体を見ていないといけなかったからだ。

若いときからどこか冷めているところがあったのも、この俯瞰力のせいかもしれない。同世代の選手全体を俯瞰的に見ていたので、「優秀な層はこのあたり」「中間層はこのあたり」「下位層はこのあたり」「プロ野球選手になれるのはここからここまでのゾーン」「自分はそのゾーンから外れている」というのがなんとなくわかっていた。だから前述のように、「スポーツの世界で食っていく」なんてことは、間違っても考えなかったし、「僕には才能がないから、野球は学生時代までだ」とわかっていたのだ。

甲子園のインタビューでは、球児たちが「将来はプロ野球選手！」「○○球団に入りたい」と目を輝かせているのをよく目にするが、僕にとってはありえないことだった。それよりも「いかにいい就職先に潜り込むか」のほうに関心があったし、「将来の夢は特にありません」なんて答えていた。今思うと、かわいげがない高校生だ。

「俯瞰力」とは、要するに主観ではなく客観でマクロに捉えることであるが、これを習得するのは若いうちは難しいかもしれない。だがまずは、**物事を捉えるときに、3歩くらい引いて、上から眺めることを意識してみてほしい。**

あまりに近い距離から物事を見ていては、見えるものも見えない。自分の目の前のものばかり見ているから、他人の感情や事情を理解できず、衝突してしまうこともあるだろう。

いったん視野を広げて状況を把握し、縦のつながりと横のつながりをきちんと見て判断し、行動すること。これを意識すれば、行動の仕方が大きく変わってくるはずだ。

「俯瞰力」を身につけることができたら、周りの人たちには見えていないものがクリアに見えるようになる。**数歩先の展開が読めるようになるから、今やるべきアクションを特定しやすくなり、成果も上がる。**そうした経験を積み重ねるごとに、ますます俯瞰が上手になっていく。

今後、多様化が進むにつれ、さまざまなバックグラウンドを持つ人と働く機会が増えていく。そんななかで、「俯瞰的に物事を見られる人材」は高く評価されるだろう。

手を差し伸べてくれた人には必ず恩返しする

僕が自己破産したのは既に述べたとおりだが、当時は人生のどん底だった。しかしそこから、持ち前のエネルギーで持ち直したわけだが、それは僕の努力だけが理由ではない。**手を差し伸べてくれた人たちがいたから**である。

自己破産したあと、ＳＮＳは全部やめて、連絡先を変えた。引っ越しもした。僕は、**過去はすべて捨てると決めていた。**そして、当時は誰も信頼できなくなっていたので、新しい連絡先を教えたのはたった10名ほどだった。

しかし、この連絡先を教えた人たちのことは心から信頼していて、「この人に連絡先を教えたせいで何か起こったとしても、それは仕方ない」と思えるような人ばかりだった。

その判断は正解だった。「僕の味方だろう」と信じていた人が実は敵サイドで、僕の悪口を言いふらしていたり、根も葉もないうわさを流していたりしたことがわかったのだ。その話を聞いたときは愕然とした。

正直なところ、その人のことを恨んでいないと言ったらウソになる。でも、人間はウラ・オモテがある生きものだ。今では「僕の見る目がなかったのが悪い」と思えるようになった。


人間のウラの顔を見てしまうという壮絶な経験だったが、収穫もあった。「本当に信頼できる人」と「そうじゃない人」を第一印象で見抜けるようになったのだ。

顔を合わせただけで「長い付き合いになりそうだ」「この人とはビジネスライクな付き合いで終わるだろう」など、自分のなかで、相手の位置づけのようなものがはっきり見えるようになった。

「信頼できる人は、心の底から信頼して大丈夫だ」というのも、自己破産の経験から得た教訓のひとつである。特に、あのとき僕を救ってくれた恩人の2人には、僕が想像していた以上に助けてもらった。彼らとは、今でも一緒に仕事をしたり、食事に行ったりと、強固な信頼関係がある。

「彼らが紹介してくれた人は信頼できる」という実感があり、彼らを起点に人間関係が広がっている。僕も「信頼できる」と思った人は、この2人と引き合わせると決めている。ちなみに、この2人は僕経由で既に良好な関係となっている。

2人の共通点は**「見返りを求めずに助けてくれること」**だと思う。

自己破産せざるをえなかった僕は、彼らから金銭的な支援もかなり受けた。僕が相談すると何も言わず、借用書もなしで、翌日には1000万円を振り込んでくれた。再スタートに必要な費用を全面的に補助してくれたりもした。僕は毎月、返済表とお金を持って彼らのところに行き、近況報告をした。本当に彼らのあたたかさが身にしみたし、一生かけてこの恩を返すと誓った。

彼らが見返りを求めないのは、僕に対してだけではない。誰に対してもそうなのだ。僕は彼らのことをとても魅力的だと思う。だから僕も、彼らのように見返りを求めることなく、誰にでも親切でいたいと思っている。

２人のことを少しだけ紹介すると、より付き合いが長いのは、ＳＰＧ ＨＯＬＤＩＮＧＳの社長、村瀬だ。村瀬との出会いは18歳のときで、出会ったのは大学の入学式だった。この頃の友人で今も付き合いがあるのは、彼だけだ。

もうひとり、Ｆｏｏｎｚの星野社長は、僕がＮＴＴのトップディーラーだったときに、ＫＤＤＩ系のトップディーラーだった。年に1回開催される業界内のカンファレンスで紹介されて出会った。知り合ってから10年も経っていないが、そんなふうには思えないくらい濃い付き合いをさせてもらっていて、本当にありがたい。

２人は、僕が自己破産したと知るや、全面的に助けてくれた。**「何かできることがあったら言ってね」と言われたが、なにせ「できること」が多すぎる２人だ。**この２人がいなかったら、僕は自己破産からたった5年でここまでこられなかっただろう。感謝してもしきれないので、自分ができる最大限のことでお返しすると決めている。

あるとき、「2人にどんな恩返しができるか」と真剣に考えたところ、**「彼らの会社のナンバー2になり、事業を成長させることだ」**と気づいた。そこで、自分の会社は別のメンバーに託して、まずは星野さんの会社に入社した。「恩返しをしたい」という一心で懸命に働いたところ、10億円だった売上が今や30億円を超えるほどになったが、星野さんの会社には3年ほど在籍していただろうか。

その後僕は、村瀬の会社に入社した。村瀬は「ホールディングスをつくりたい」と言っていたので、その思いを実現すべく入社した。こちらも入社当時は2億5000万円ほどだった売上が、2022年前期は12億円ほどと、大きく成長している。

どちらの会社も、「僕が成長へと導いた」なんて偉そうなことを言うつもりはない。けれど、少しは恩返しができたのかな、と思っている。30代は恩返しに使って、40代になったら自分がやりたいことにチャレンジするつもりだ。

ちなみに、**自分のモチベーションを上げてくれる仲間のことは大切にする**というのも、僕の哲学のひとつである。

僕の場合、村瀬と星野さんは、会うたびに背筋が伸びる存在だ。友人であり、仕事仲間であり、憧れの存在でもある。

年齢を重ねるほど、人生の道は分かれていく。ふと気づいたら、自分のモチベーションアップにつながるような仲間はほとんどいなくなっているかもしれない。だからこそ、今、周りにいる人のことを大切にしてほしいと思う。

僕自身の話が長くなったが、**「信頼できる人に恩返しをする」という気持ちは、行動のエネルギーになる。**そして行動することで、自分のスキルが上がり、相手との関係性もより強固になっていくのではないだろうか。

ビジネスに「見返り」は必要か？

ビジネスにおける人間関係は、当然ながらギブ&テイク、ウィン‐ウィンであるべきだ。いつのまにかテイク（受け取る）ばかりになってしまう人もいるが、やっぱりそれはよくない。ギブ&テイク、ウィン‐ウィンどころか、**「恩は何倍にもして返す」**を基本的な心がまえとしたいものだ。

お互いにその心がまえを持てて、かつ、あえて言葉にせずとも「この人は何倍にもして返してくれる」と信じ合える関係がベストだと、僕は思う。「これやってあげるから、あの件は許してよ」とか「いい会社を紹介するから、こちらにも便宜を図ってほしい」などという人のことは、正直信じられない。

もうひとつ、僕がいまいちピンとこないのは、「他人を蹴落としてなんぼ」「お金がすべて」というスタンスの人である。「そんな姿勢でいて疲れないのかな？楽しいのかな？」と心配になる。

もちろん「そういう生き方もある」と理解はしているし、どちらがいい・悪いという話ではない。重きを置いている分野が違うだけなのだ。働くことの目的もまったく違うのだろう。

僕の場合、お金はもちろん大切だが、それよりも「信頼できる仲間をつくること」や「楽しく仕事をすること」のほうがずっと大事だ。**その状態のほうがいい仕事ができて、会社も発展し、自然とお金もついてくる**と考えている。

もしかすると、僕が「恩を何倍にもして返したい」と思えるのは、すごくシンプルな理由からかもしれない。単純に、そのほうが疲れないからだ。

自己破産した僕は、いわば「一度はすべてを失った身」である。虚飾も打算も保身もない。あるのはビジョンだけだ。

けれど、自己破産してゼロになったあとのほうがうまくいっているから、むしろ自分は何も持たないほうがいいのかもしれない、という感覚さえある。

きみにもきっと、お世話になった人がいるだろうと思う。「この人がいたからこそここまで来られた」と感じる人がいるはずだ。

前項の話にも通じるが、**その人への恩返しは済んでいるだろうか？　もしも今、その人と会えなくなったとしたら、後悔することはないだろうか？**

そんな視点で、一度自分自身を振り返ってみてほしい。そして、「まだまだ恩返しができていない」と感じるなら、少しずつでも行動してみてほしい。

「見返りを求めない」という話と矛盾するようだが、**見返りを求めないでギブする姿勢が、きっと成功を連れてきてくれる。**

もし恩返しをしたい相手がいなかったり、恩返しが既に完了したりしているなら、自分が他の人にギブできるものを探してみたらどうだろう。「ギブ」といっても、難しく考える必要はない。**ただ、相手が喜んでくれることをすればいい。**

相手は誰でもいい。ギブすることで、新しい可能性が開けるかもしれない。

凡人でいい。開き直れば道は拓ける

この章で最後に伝えたいのは**「凡人でいい」**ということだ。きっと本書を読んでくれている方の多くは、自分のことを「凡人だ」「たいした能力はない」「今から頑張ってもどうにもならない」と思っているのではないだろうか。

でも、そこであきらめないでほしい。**「どうせ凡人だから」と開き直れば、きっと道は拓ける。**

「開き直る」とは「自分にできる最高のパフォーマンスを提供したあとは、失敗しても気にしない」ということだ。「ここまでやって失敗するなら仕方ない」と胸を張れるくらい全力を尽くしたなら、失敗は必ずしもきみのせいじゃない。

若いうちは、とにかく一生懸命やること。そのうえで失敗したとしても、必要

以上に傷つかなくていい。「あなたは僕の上司でしょう。僕は最大のパフォーマンスを発揮しましたよ。それを生かすのはあなたの仕事ですよね？」くらいの気持ちで、どんどん挑戦すればいいのだ。部下が大きな失敗をやらかさないようにしたり、その失敗をフォローしたりするのは上司の責任なのだから。

一方で、自分が30代、40代になり、それなりに経験を積むとそうはいかない。このスタンスが通用するのは若いうちだけだ。だから若いうちは、その立場をフル活用してアクティブに行動してほしい。

開き直るコツは、上司に細かくホウレンソウ（報告・連絡・相談）することである。最高のパフォーマンスを発揮したうえで、一つひとつのステップを上司としっかり共有しておけば、たとえクライアントに激怒されても、作成した資料に間違いがあっても、きみにまったく責任はない。

チーム長に対して「私をアサインしたあなたのミスです」「あなたが資料にOKを出したんですから、私に過失はありません」くらいに思っておけばいい（これはきみの心を守り、挑戦のハードルを下げるためのテクニックだ。ただし、この考え方が上司に伝わらないよう、くれぐれも注意してほしい）。なぜなら、失敗したからといってネガティブな気分に引きずられていては、やるべき仕事に集中できなくなってしまうからだ。

つらい出来事で仕事が停滞してしまうくらいなら、心の中で「上司のせい」にして、気持ちを切り替えて仕事に集中したほうがずっといいと思う。

ただし、成長するために気をつけてほしいことがある。

まずは、**失敗を前提とするのではなく、成功するつもりで一生懸命取り組むこと。**そして、**一つひとつの失敗から教訓を得て成長すること。**最後に、**同じ失敗をくり返さないこと**だ。

決して失敗経験をムダにしてはいけない。

失敗は上司のせいにすればいい。

若いきみは悪くない。

失敗は糧になるから、どんどん挑戦してほしい。

そうはいっても、たいていの人は失敗を恐れて動き出せないものだと思う。僕も若いころはそうだったから、その気持ちが痛いほどわかる。

でも、失敗しない限り成長はないし、そもそも仕事におけるケガなんてかすり傷にすぎない。きみがどんなに大きな失敗をしたって、1カ月もすればみんな忘れているはずだ。そんなことに気を取られて挑戦をためらっているなんて、本当にもったいない。

上司に責任を取ってもらえるうちにあらゆる種類の失敗をして、たっぷり経験を積んでほしいと思う。**経験を積めば積むほど、たとえ凡人であっても、抜きん出た成果が出せるようになるはずだ。**

第3章

本気で「ビジネス」に打ち込め

仕事の「定義」を変える

「どうすれば仕事ができる人になれますか？」
「もうすぐ社会人になりますが、まずは何のスキルを身につければいいですか？」
「自分の市場価値を上げるには何をすればいいでしょうか？」

こうした質問に対して、僕が言いたいことはひとつだけだ。それは**「仕事の定義を変えろ」**ということである。

第2章で、大学を中退したあとの話をしたが、ファーストキャリアとして選んだ営業の仕事をクビになった僕は、契約はとれないし遅刻も多く、そのうえ上司のアドバイスを素直に聞くことさえできなかった。

だがそんな僕が、ほんの1年で生まれ変わった。先に述べたとおり、とび職などを経てもう一度営業の仕事に就くと、あっというまに売上トップの成績を出し、年収は倍増した。

1社目で鳴かず飛ばずのお荷物社員だった僕と、2社目で売上トップになった僕。いったい何が違うのか？　その答えが**「仕事の定義」**である。

正直にいえば、1社目のときは、完全に仕事を舐めていた。「適当にこなしておけばなんとかなるだろう」と思っていて、中高生の部活のノリとでもいえばいいかもしれない（といっても僕の場合、中高時代の野球は熱心にやっていたが）。今思い返すと恥ずかしい。

この会社をクビになったあとは、仕事の定義をガラリと変えた。**「仕事＝生きるためにするもの」**と考えるようにしたのだ。

生きるためだからこそ、「これは嫌だ」「自分には向いていない」などと言い訳せず、やれる仕事はなんでもやった。とび職を経験したのもこのころのことだ。

仕事の定義を変えると、仕事に対する姿勢も１８０度変わった。仕事は生きるためにするものなのだから、適当にこなすなんてもってのほかである。絶対にクビになるわけにはいかない。いわば「生き残り」をかけて本気で仕事に打ち込むようになった。

たかが仕事、されど仕事。死にもの狂いで仕事をする人間が、成果を出せないわけがない。こうして僕は、**考え方をひとつ変えただけで、あっという間に「できる奴」に変身することに成功した。**

さて、きみは今、仕事をどのように定義しているだろうか？

・なんとなく始めたから続けているもの
・食べていくために仕方なくするもの
・ただの暇つぶし
・社会とのつながりを得られるもの
・家族を守るためにするもの

人それぞれ、異なる定義があるだろう。まずはその定義と向き合ってみてほしい。そして、その定義が適切なものかどうか考えてほしいと思う。

・成果を出すためにするもの
・自分の市場価値を上げるためにするもの
・自分に自信をつけるためにするもの
・業界ナンバーワンの人材になるためにするもの
・独立に向けて、スキルと経験を積むためにするもの
・人脈をつくるためのもの

これはほんの一例だが、**仕事の定義をポジティブなものに変えられれば、仕事への向き合い方が変わり、成果もおのずと変わる**はずだ。

何事においても、ものの見方を変えることは重要だ。

「リフレーミング」という言葉を知っているだろうか？　これは**「対象の枠組み**

を変えて、感じ方を変えること」だが、ちょっと難しいかもしれないので、例を挙げてみよう。

上司からの引き継ぎで、とあるクライアントを担当することになった。だが社内のうわさによると、そのクライアントはかなり厳しく、ときにはクレーマーのようなふるまいをすることもあるそうだ。

こんなとき「つらいな」「どうして私がクレーム対応なんて……」と思っていても、つらい気持ちが和らぐことはない。ならばリフレーミングをして、「厳しいクライアントとうまくやれるようになったら、超一流の営業へとステップアップできるはず！」と思うようにしてみよう。きっとつらい気持ちが少し薄れて、よりポジティブに対応できるようになるはずだ。

この例のように、**物事は見方しだいでいかようにも変わる。**だからまずは、**「仕事」に対する定義も、ちょっと見方を変えてみてほしい。**そして、**ネガティブに対応するのではなく、「成長してやろう！」という前向きな意気込みを持って対応してほしい。**

すると、目の前の仕事に対する感じ方ががらりと変わり、「できる奴」になることができるかもしれない。

「要約力」を鍛えれば、世界の見え方が変わる

後の章で詳しく話すが、僕は本をほとんど読まない。それを知った本書の編集担当者に、「前田さんは本を読まないのに、言葉を的確に使っていますよね。どんなふうに言葉の力を鍛えてきたんですか?」と質問された。

今でこそそれなりのことを話せるようになったが、昔は決して得意ではなかった。しかし、**「言葉を使う力」は仕事の基本である。**そこで本を読まなかった僕は、**人と話して相手から吸収することにした。**

経営者として仕事をしていると、頭のいい人と話す機会が多い。相手が知らない言葉を使ったら、すぐさま調べ、語彙を増やす。場合によっては**「すみません、今おっしゃったのはどういう意味ですか? その言葉、初めて聞きました」**など

と、素直に尋ねることもある。それを恥ずかしいと感じる気持ちはまったくない。

素直に尋ねると、相手も嫌な顔をせず、丁寧に教えてくれる。話の流れ上、口を挟めなかったら、その人と別れてから調べることもある。

20代前半のころは、自分ひとりで言葉の研究をやっていた。自分は早口だという自覚があったし、そもそも自分の声が嫌いだったのだが、思いきってトレーニングをすることにしたのだ。

具体的には、ゆっくり話すトレーニングや、なめらかで聞き取りやすい抑揚をつけるトレーニングなどだ。**自分が話すところを録音して、音源を聞き、ダメなところを直していく。**自分のダメな話し方を聞くのは、正直すごくつらかったが、やった甲斐はあったと思う。

そんな僕がよく褒めてもらうのが、「要約力」だ。「本質をつかんだ説明だからわかりやすい」「端的なプレゼンですね」と言ってもらえることがある。ありがたいことだ。

だが実際のところを言うと、頭がいいから端的に話せるのではない。**頭がよく**

ないからこそ、要約することしかできないのだ。少なくとも僕自身はそう思っている。

先の担当編集者にもこのように答えたところ、「要約できるというのは、〝すごく頭のいい人〟というイメージですが……」と驚いていた。僕は、「要約しかできない自分＝頭が悪い」と思い込んでいたので、その発言こそ目からウロコだった。

僕のロジックでは、頭のいい人は、対象の全体像をスッと把握でき、記憶できるものだと思う。しかし僕の場合、頭のキャパシティがそこまで大きくないから、対象のコア（本質）の部分しか覚えておけない。**広く深い知識ではなく「要は何なのか」という捉え方しかできない**わけだ。

伝え方もそれと同じで、長く話すことができないので、ポイントだけを伝えている。

これは僕の短所だと思っていたが、聞いている側からは「わかりやすい」「ダラダラしゃべるのではなく、コンパクトでいい」と言ってもらえるので、結果オーライだと思っている。

説明するとき、プレゼン資料をつくるとき、相手の指示を理解しようとするとき、メモをとるときなど、**ビジネスでは何をするにしても「要約力」は必須**である。

僕自身、社会人になって数年経ったころ、**「要約力さえあれば、けっこう広い範囲のスキルをカバーできる」**ということに気づいた。成果を出そうとしたとき、すべてを網羅するのは難しい。だから、重要なポイントを押さえるクセをつけたのだ。

たとえるなら、対象の中にA、B、C、D……といろいろな要素があるうち、ざっと見渡して、一番重要そうなAだけを取り出すイメージだ。頭の中に全部を入れることはできないし、すべてに対応することは不可能だ。だから、**「要はこういうことだろうか？」という目線で対象を見て、一番大切なところだけを押さえておく。**たったそれだけでも、生産性は大きく上がる。

先日、要約力の重要性を痛感する出来事があった。お客さまと開発担当者が会話をしていて、なんだか話がかみ合っていないようだったので覗いてみると、お客さまは「要はこのシステムで何ができるの？」というポイントだけを聞きたいようだった。

一方、開発担当者は、「このシステムのすごいところ」を、専門用語を使って伝えつづけていた。相手目線に立って要点を押さえれば、こうした行き違いは起こらないだろう。

会話以外の場面でも、要約力は必要だ。事業をスタートするにしても、「このポジションにこういう人を引っ張ってくる」など、「要はこれ！」というポイントをつかんで行動すれば、ビジネスに大きなインパクトを与えられる。

ここで遠まわりしていては、いつまで経っても結果を出せないままだ。

要約力を鍛えたいなら、**会話にしても企画にしても、「要は何？」を何度か繰り返してみること。**

不要な情報をそぎ落としていくと、「本質」に至るヒントが見つかるはずだ。

承認欲求はいらない

僕は自分の会社のCEOと、別の会社の最高執行責任者を務めているが、実は役職にはほとんど興味がない。名刺交換するときも「○○社の前田です」ではなく、シンプルに「前田です」だけだ。会社名はほぼ言わない。

たまに「社長」と呼んでくれる人がいても、つい「社長じゃないです、前田です」と返してしまう。「ナンバーツーじゃなくて、もっと上に立てばいいのに」と言ってくれる人もいるが、「ナンバーツーのほうが気楽だし、こっちのほうが向いていますから」と答えている。どうしても僕が代表をやらないといけないなら引き受けるが、「社長」というポジションに就きたいとは思っていない。

これには理由がふたつある。ひとつには、仕事のモチベーションが**「お客さま**

によいものを提供し、喜んでもらっている」「こんな自分でも社会に貢献できている」という「わくわく感」にあるからだ。

目の前の仕事を動かすのに、役職名は関係ない。仕事と自分の真剣勝負、ただそれだけだと思う。

もうひとつの理由は、承認欲求がないからである。「自分を前に出したい」「認められたい」という気持ちがほとんどない。そもそも自己破産で人間関係をリセットしたこともあるし、これまでSNSもやってこなかった。**知らない誰かに「いいね」と言われるためにスマホと向き合う時間があったら、仕事でお客さまに貢献することや、メンバーと自分、そして会社を成長させることに時間を使いたい。**その気持ちのほうが強いのだ。

承認欲求と少しだけ似た言葉で、「自己効力感」という言葉を最近よく耳にするようになった。「自己効力感」とは、「自分はできる」という感覚のことをいうそうだ。おそらくみんな、自分に自信がなく、自己効力感が低いことに悩んでいて、「なんとかしたい」と考えていることの表れなのだろう。

自己効力感を上げる方法は、簡単だと思う。それは、**仕事の目標を立てて、それを達成すること**だ。

一生懸命努力して、成果を上げる。すると「自分、やるじゃん！」という気持ちになれて、自分を認められる。

「自分、やるじゃん！」と思えれば、「もっともっとチャレンジしてみよう」「目標を上げてもいいかも」とテンションが上がる。そして、**さらなる努力もまったく苦ではなくなる。**

少しずつハードルを上げていくうちに、最初は想像もできなかったような大きな目標を達成できる力がついているだろう。

だから、「承認欲求」を満たすよりも「自己効力感」を上げる努力をすること。すると、自発的に努力できるようになり、自然と成果がついてくるのではないだろうか。

「あえてやらないこと」をつくる

「行動力がある」と自負している僕だが、唯一「あえてやらない」と選択したことがある。英語の勉強だ。

というのも、**習得の必要性をほとんど感じなかったから**である。

日本にいる限り、すべて日本語だけでこと足りる。英語が自然と耳に入ってくることはほとんどない。僕の仕事柄、英語でコミュニケーションを取ったり、英文の契約書を読んだりしなければならないシーンもない。だから今の僕には必要ないのだ。

必要ないと思うと、勉強する気がまったく起こらない。そもそも必要ないことに割く時間もない。

英語を学ぶとしたら、40歳以降になるだろうと思っている。40歳以降、海外に出たいからだ。海外に住んで、英語を話さなければ生きていけない環境に身を置けば、自然と英語は習得できるだろう。

単に海外旅行に行くのと、海外に住むのとではまったく違う。海外旅行には何度も行っているし、滞在中は自然と英語が耳に入るものだ。でも、ちょっと英語のリズムやイントネーションに慣れ始めたかな……というころに帰国することになる。そうするとあっという間に日本語でいっぱいの環境になり、英語のカンみたいなものをすっかり忘れてしまうのだ。

もちろん、仕事や生活で英語が必要な方は、ぜひ勉強するといい。言語は世界を広げてくれるだろう。僕の場合、今は不要というだけである。

グーグルの仕事術のひとつに、**「やらないことリストをつくる」**というものがあるらしい。

僕はこの考え方に賛成だ。前項の話にも通じるが、「やりたいこと」や「やるべきこと」をどんどんやっていくと、貴重な時間がみるみるうちになくなってしまう。

「やりたいこと」や「やるべきこと」をリストアップし、一つひとつをつぶしていくのも重要だが、**あえて「やらないこと」を決めてしまってはどうだろうか？**

そういう意味で、僕の「やらないことリスト」には「英語の勉強」が入っている。「複数の言語を操ってみたい」という夢もあるのだが、その実現に向けて努力するのは今じゃない。優先順位がかなり下がる。そう考えているのだ。「英語の勉強はやらない」と決めた代わりに、やるべきことには真摯に向き合って、一つひとつのタスクをこなしていきたい。

慣れれば、あっというまに「やること」と「やらないこと」を分けられるようになるだろう。

じっくり考え込まなくても、「必要か」「必要でないか」「やりたいか」「やりたくないか」が計算できて、「やること」を実行するための一本道が見えるように

なる。

するとあとは、「やることリスト」の実行に全力投球するだけだ。

「自分」と「他人」に期待しすぎるな

第1章でも述べたが、僕は普段の生活で落ち込むことはほとんどなく、ネガティブな気持ちになったりすることもない。

とはいえ、全員が全員、僕のような性格ではないだろう。特に20代から30代前半にかけては、ビジネス人生で一番「叱られる」ことが多い年齢だといえる。「できないこと」をできるようにする過程で足踏みをしたり、大きな失敗をしたりしてしまうからだ。すると、「自分はなんてダメなんだ」「またやらかしてしまった……」などとくよくよ落ち込むことになるかもしれない。

そういう人たちに贈りたいメッセージは**「自分に期待しすぎるな」**ということだ。

落ち込んでしまうのは、自分に期待しすぎているから。「自分ならできるはず」「自分には能力がある」と思っていればいるほど、その期待が裏切られたときに落ち込んでしまうのが人間の性《さが》である。

それなら、**デフォルトモードを「自分に期待しない」に設定してしまったほうがずっとラク**だと思う。

「おまえは本当にできない奴だな」「頭が悪いな」「どうしてそんなにグズなんだ」……そんなネガティブワードばかり浴びせてくる、ダメな上司もいるかもしれない。そんなふうに言われつづけると、いくら気丈な人でも悪影響を受けて「どうせ僕なんて誰にも期待されていないんだ」「頑張っても報われるはずがない」と思ってしまうものだ。

そんな人はどうしたらいいか。会社の社風や上司との関係によって対応策はさまざまだが、マインド的なところで言うと、**「そもそも上司は期待してくれないものだ」と思い込んでおく**のが近道だろう。

「上司はそんなにいいものではない」「上司はいつも自分を助けてくれる存在で

はない」という前提で考えておく。つまり、自分に期待しすぎないのと同様、「上司に期待しすぎない」をデフォルトにしておくのだ。

仕事はきついものである。上司は嫌な奴だ。会社は自分を守ってくれない――。ものすごくネガティブに思えるかもしれないが、これをデフォルトにしておけば、気持ちはずいぶんラクになる。

その前提のもとで、思考をこんなふうに変換してみてほしい。

- **仕事はきついものだ↓仕事のつらさを少しでも軽減するには？**
- **上司は嫌な奴だ↓嫌な奴をぎゃふんと言わせてやるには？**
- **会社は自分を守ってくれない↓自分で自分を守るには？**

僕の場合、「上司は嫌な奴だ」をデフォルトにしつつ、「じゃあ、そんな彼らとうまくやるにはどうすればいいのか」↓**「理不尽なことばかり言ってくるこの人は、いったい僕が何をすれば高く評価してくれるのか？」**と考えることにしていた。そこまで考えて行動すると、案の定高く評価してもらえて、上司との関係がずいぶんラクになった。

仕事がきつくて、上司が嫌な奴で、会社が自分を守ってくれないのは仕方ないことだ。過去と他人は変えられない。ならば、未来と自分のあり方を変えるべく、努力したほうが早い。

つらい仕事だから、上司が嫌な奴だから、自分を守ってくれない会社だから辞める、付き合わない、というのは、ただの逃げだ。**「どうしたらもっと自分を信頼してくれるか？」「どうしたら他の奴よりも自分を高く評価してくれるか？」**を考えてほしい。

そもそも仕事というのは、そんなにいいことばかり起こるものではない。僕の個人的な感覚でいうと、仕事では**「いい状態：悪い状態」＝「1：9」**くらいではないだろうか。

上司との相性も同様だ。完璧な会社、完璧な事業内容、完璧な上司、完璧なメンバーが揃う確率なんて、ほとんど天文学的な数字だと言ってもいい。

でも、**誰とどんな仕事をしているにせよ、こちらの立ち回り方ひとつで環境は変わる。**「自らの力で環境を変える」「居心地のいい環境をつくり込んでいく」という考え方ができると、どんな場所で・誰と・どんな仕事をしても気持ちよく働けるし、成果を出せる人になれる。

ストレスがないと、仕事はうまくいく。

仕事がうまくいくとストレスフリーで働ける。

この好循環に入れれば、しめたものだ。

まとめると、基本的に「他社にいけばもっと楽しいんじゃないか」「他の上司とならうまくいくんじゃないか」というふわっとした期待は捨てたほうがいい。期待値100％の状態から入ると、「減点方式」になってしまう。しかし、**最初から期待しないでおけば、あとは加点していくだけなのだ。**

誰かに自分の幸せを決めてもらうような生き方ではなく、主役は自分自身だと気づいてほしい。そして「難しい環境」や「嫌な上司」との仕事を楽しめるようになれば、最強のビジネスパーソンだといえる。

「これは曲者だな」と思うような人とすぐに仲よくなれるような人材は、どこにいっても引っ張りだこだ。ぜひ、その境地を目指してほしいと思う。

「進化しないこと」を恐れよ

ビジネスの世界で最も恐れるべきことは何か。

僕は、一般社員であっても、経営者であっても、**「進化しないこと」こそ、恐れるべきものだ**と考えている。

20代から30代前半を思い返してみても、同じことを何カ月も何年もやりつづけたり、進化していなかったりすることを恐れていたように思う。**成長しない、進化しない。同じミスを繰り返す**――その場にとどまることは、今でも僕にとって最大の恐怖だといえる。

なぜ「進化しないこと」を恐れるのか。それはおそらく、**周りから取り残されていて、ついていけていない感じがするから**だろう。

「現状維持ならいいのでは？」と思う人もいるかもしれないが、現状維持は危険だ。なぜなら、**現状維持を目指すと、キープしているつもりがどんどん後退していくことになる。**

現状維持＝同じ状態を保ちつづけるというのは、実は意外と難しいもので、常に新しいことに挑戦して、前に進む気持ちがなければできないことだと思う。

とはいえ、毎日必死に仕事をしていると、「後退している自分」に気づけるチャンスはほとんどない。**やらされ仕事やルーティン業務ばかりに取り組んでいて、はっと気づくと、周りに大きく後れをとっている――**。こんな状況を想像してみると、ゾッとしないだろうか？

「現状維持はすなわち後退である」という考えでいれば、たとえ失敗したとしても、さほど気にならないというメリットもある。というより、チャレンジした結果が成功であろうと失敗であろうと、前に進んでいるならＯＫなのだ。

何かしらチャレンジしているなら、それはつまり前に踏み出せているということ

とだ。だから、失敗しても落ち込むことなく**「ナイスチャレンジ！」と自分を褒めればいい。**

そして失敗にきちんと向き合って、その原因を突き止め、改善策を考え、計画を立てて再度挑戦する。このＰＤＣＡサイクルを回すことができれば、すぐには成功できなくても、必ず目指すゴールへと近づいていける。

これまで僕は、失敗をしたのに改善せず、また同じ失敗をするという人をたくさん見てきた。これでは**失敗する意味がないし、いつになっても成長しないままだ。**

失敗続きで「また失敗か。自分の能力の限界はこれくらいなんだな」と誤解してしまうと、持っている能力を発揮することができない。きちんと反省して再挑戦したら違う結果があるかもしれないということに、いつ気づくのだろうか？

僕には**「動かないのが一番ダメ」「適切に失敗の経験を積めば自分の能力の限界を突破できる」**という信条がある。だから、あえて「失敗しにいくぞ」という気持ちでチャレンジしたりもする。

新しいことに対して体が動かなくなったら、それは引退するタイミングだとさえ考えている。

多くの人は、一度失敗しただけでダメージを負いすぎているのではないだろうか。それもたいていの場合、自分が悪いのではなく計画の立て方がまずかったり運が味方していなかったりするだけなのに、**原因を自分の能力のなさだと思い込んでしまう。**その結果、**「落ち込みたくないから挑戦したくない」**もしくは**「失敗したけど、自分の能力のなさと向き合いたくないから振り返りはしない」**ということになるように思う。


もう一度言おう。**失敗は成功のもと**だ。

「落ち込みたくないから挑戦したくない」「失敗したけど、自分の能力のなさと向き合いたくないから振り返りはしない」という姿勢のままでは、同じところをただぐるぐる回っているだけで、あっという間に他の人に抜かされてしまう。そして、知らず知らずのうちにずっと遠くまで後退してしまう。

それよりも、**前に進みつづけるために、できないことにチャレンジすること。**

新しいことにチャレンジするときには、誰しも違和感や恐怖を覚えるだろう。何も知識がないし、結果が見えない。知らない道具を使ったり、初対面の人とコミュニケーションをとったり、目上の人に細かく手順を聞かなければならなかったりする。それは誰にとっても大きなストレスだし、僕もその気持ちはわかる。

でも、だからといって**新しい挑戦を避けつづけていては、いつになっても成長しない。**

他の人から一歩抜きん出たいなら、あえて「普通の人がやらないこと」にチャレンジしよう。他の人が「怖いから」と挑戦しない領域に、足を踏み入れてみよう。

最初はできないことだらけかもしれない。でも、一歩踏み出したあとは、小さな失敗を積み重ねてデータを集め、「できるようにするにはどうすればいい？」の答えに近づいていくだけだ。

失敗するのは前に進んでいる証拠。自信を持って失敗してほしいと思う。

失敗したら、ちゃんと傷つく

前項で「現状維持はすなわち後退である」という考えのもとだと、たとえ失敗したとしてもさほど気にならない、と書いた。それとはやや矛盾するようだが、**失敗したらちゃんと傷ついてほしい**、とも考えている。

自他ともに認める「メンタルモンスター」の僕だが、実は失敗するとめちゃめちゃダメージを受ける。プライドが高くて、ミスが嫌いだからだ。

商談に行くにしても、百発百中で契約をとりたい、とるのが当たり前だと思っている。だから、たとえ1件でも断られたら大ダメージだ。

とはいえ、大ダメージを受けたからといって、一晩中落ち込むわけではない。

僕がやるのは、**同じ失敗を繰り返さないようにすること**だ。
先ほどの例だと、契約を断られた理由を徹底的に洗い、その理由をつぶすために何ができるかを考えて、すぐさま行動に移すのである。

たとえばWebツールの営業をしていて、「操作が難しそう」という理由で断られたら、操作の容易さを訴求する資料や動画をつくり、ひたすらトークの練習をする。操作をレクチャーするサービスをつくってもいいし、開発担当者に相談して、操作をより簡単にできないかと企画してみるのもひとつの手だ。
「費用が高すぎる」という断り文句も多い。そんなときは、アプローチ先の選定がまずいか、提案する商品・サービスの付加価値を十分に訴求できていないと思ったほうがいい。**「これくらいの費用を出してでも、課題解決したいと思ってくれるような業種・業界はどこか？」「どうすれば決して高くない、むしろ安いと思ってもらえるのか？」**と考えてみるといいだろう。

周りを見ていて思うのは、**負けグセがついている人が多い**ということだ。

営業担当者の場合、アポの申し出や契約を断られることに慣れてしまっていてはいけない。1件断られたら、そのお断りを大きく受け止めるクセをつけてほしい。

「断られ慣れている人」は、敗因を考えない。感覚が麻痺してしまい、どんどんアタックできるようになるかもしれないが、この慣れには正直、意味がない。断られたら、その理由を振り返って分析し、「二度と同じ断られ方をしないぞ」という強い気持ちで対策するほうがいい。

ダメだったことを見つめ直すのは、つらいものだ。結果がダメだったことに加えて、いかに自分ができない奴かを突きつけられるから、二重のダメージになる。でも、そのダメージから目をそらしてはいけない。**自分を大切に守っていながら勝てるほど、ビジネスの世界は甘くないのだから。**

僕は「学歴なし・職歴なし」の状態だったから、会社経営に関しても、もちろん最初は素人だった。だが不思議なことに、やってみるとたいていのことはできた。

とはいえ、失敗も数えきれないほど経験した。……と言うと、「具体的な失敗談を教えてほしい」という人もいるかもしれない。

でも、その要望にはお応えできない。**失敗だらけだから「これが一番大きな失敗だった」といえるようなものがすぐに思いつかないし、今となっては失敗を失敗だと思っていないので、記憶に残っていないのだ。**

記憶をたどっても、「失敗談」は本当に出てこない。僕の場合、「まずい」と思ったらすぐにスパッと「やめる」という選択をするタイプだからかもしれない。

会社経営の話に戻せば、本当に未知の経験だったから、恥ずかしい思いもしたし、結局「自己破産」という大ケガもした。

けれど、**今となっては全部いいネタであり、今の僕をつくり上げたパーツのひとつだと思っている。**失敗は単なる失敗ではなく、全部プラスになっていることを痛感している。

「いいストレス」を感じろ

ストレスには2種類ある。「いいストレス」と「悪いストレス」だ。

「いいストレス」には違和感が伴い、「悪いストレス」には無理が伴う。**「いいストレス」の先には「わくわく感」とハッピーな結末があり、「悪いストレス」の先には嫌なことが待ち受けていて、ストレスを繰り返し感じることになる。**

「いいストレス」とは、**新しいことを始めたり、自分にとってハードルの高い目標にチャレンジしたりするときに感じるストレスのこと**だ。たとえば、外国語の習得にかかるストレスは、典型的な「いいストレス」だろう。

英語をしゃべれない人にとっては、英語での会議に出て、みんなが話している内容をまったく理解できず、何のバリューも出せないまま席に座っているのは多大なるストレスだ。一念発起して英語のフレーズを覚えたり、知っている言葉をつなぎ合わせて、自分の考えを伝えようとしたりするのもストレスだろう。

でも、こうした**「いいストレス」は必ず実を結ぶ。**会議で積極的に発言できるようになるだけでなく、世界中の人と友だちになれるという、ハッピーな結末が待っている。

僕が習得に苦労したＷｅｂマーケティングも、まさに同じパターンだった。最初は用語の意味すらわからず、イライラしてばかりだった。でも「Ｗｅｂマーケティングを学べばビジネスの可能性が広がるに違いない」と考えたからこそ、習得のストレスを「やってやろう！」という「わくわく」に変えられたのだ。

本書では何度か語ってきたが、新しいことや難しいことに挑戦するときは、誰しも「違和感」を覚えるものだ。やり方がわからない、思うように進まない、先が見えない……。そんな状態ではイライラするし、モヤモヤしたりもする。投げ出して、自分の得意な仕事ばかりしたくなったりもする。人間は変化を恐れる生きものだから、当然の反応だ。

だけど、あえて「いいストレス」を感じにいこう。**居心地の悪いゾーンに身を置くことは、成長への第一歩になる。**

一方、「悪いストレス」は、自分の信念とは違う方向に進まなければならないときに感じるストレスのことだ。

たとえば「お客さまのことを思うと来月購入してもらったほうがいいけど、このままだと今月の予算が未達になってしまうから、なんとか月内契約に持っていかないといけない」「正直言って、このお客さまにとってはムダな機能かもしれないけど、利益のためにはオプション機能も提案しておかないといけない」といったケースがこれに当たる。「お客さま目線を第一に」という信念を持っている人にはかなりのストレスで、それでも、社会人なら涙を呑んでもやらなければいけない。

だから僕の会社では、極力「悪いストレス」を感じないで済むようにしている。特に「お客さま目線と相反すること」は絶対にしない。**それで売上が上がって儲かってしまったとしたら、それが事業になり、大変なストレスを抱えつづけることになると予想できるからだ。**

けれど、「その先の未来なんて想像もできないから、〝いいストレス〟と〝悪いストレス〟の見分けがつかない」と反論されるかもしれない。
ふたつのストレスの最も簡単な見分け方は、**「その先にハッピーが待っているかどうか」**だ。

自分にとって納得のいかないことをやっても、結果的にハッピーにはならない。**「これは悪いストレスだ、どれだけ頑張っても自分を幸せにできない」と感じたものは、すっぱりやめてしまえばいい。**

一方で、自分を幸せにできそうな**「いいストレス」には、全身全霊で取り組むこと。**そこで感じるストレスは、単に「できなくてしんどい」「やったことがないから大変」というだけで、やがて感じなくなるものだからだ。

それでも「いいストレス」と「悪いストレス」の見分け方がわからないなら、**とりあえず、どんなことにも挑戦すればいい。**
「いいストレス」だと思って果敢に挑んだものが「悪いストレス」だったり、反対に「悪いストレス」だと思って避けたものが「いいストレス」で、チャンスを逃したりすることはよくある。そうした経験を繰り返せばこそ、「これはやらない」「これはやる」というジャッジができるようになる。

では、「いいストレス」を感じているとき、そのつらさをどう乗り越えるか。それに魔法のような方法はない。**「今後、絶対に自分のためになる」「これができれば人生が楽しくなるに違いない」と思いながら、とにかく愚直に取り組むこと。**なかなか覚えられない単語を無理やり頭に叩き込んだり、それを必死にアウトプットしたりするしかないのだ。

そうこうしているうちに、**「あれっ、少しストレスが減ってきたかもしれない」というタイミングが必ずやってくる。**このタイミングを越えると、**努力することそれ自体が楽しくなってくる**はずだ。

すると自然とキャリアアップするし、他者との差別化ができて、自分の価値も高まる。そんな日がやってくると信じて、努力を続けてほしい。

「軌道修正力」も立派なビジネススキル

僕が自己破産して「ゼロからやり直そう」と決めたとき、固く決意したことがある。

それは**「グレーな商売は絶対にしない」**ということだ。

経営者なら誰でも経験があることだと思うが、事業には、絶対に負けられない「勝負どころ」がある。ちょっと無理してでも、売上を伸ばしたり、事業・商品・サービスの認知度を獲得していかなければならなかったりするタイミングがやってくるのだ。

そんなとき、多くの経営者の頭をかすめるのは、**「ちょっとグレーな路線で攻めなければいけないかもしれない」「ここはメンバーに泣いてもらって、少しブラックな働き方をしてでも、事業を形にしてもらおう」**といった考えである。もちろんやりたくてやっていることではないのだが、仕方なく、そんな決断をしなければならない場面がある。

正直に言うと、自己破産する前は、僕自身、そんな考え方をせざるをえなかったときもある。一般的には褒められないようなやり方もしたし、メンバーにはずいぶん負担をかけていた。

でも、そんな仕事にはもう疲れた。だから、**「グレーな攻め方をして売上や認知度を上げることが商売なんだったら、もう商売なんてやめてしまおう」「次にやるなら、本当に顧客満足度が高い、いいものをつくって、〝ありがとう〟の対価としてお金をいただけるような事業にしよう」**と決意したのだ。

メンバーの働き方に関しても同じだ。長い残業や無理な働き方に頼るのではなく、決まった時間内でキビキビ働き、みんな気持ちよく高いパフォーマンスを出す。そんな、**全員ハッピーな会社をつくれなければ意味がない。**

当時のメンバーには「今さら……」「あのときは本当につらかったのに」と思われるだろう。でも僕としては、今さらであっても、気づけてよかったと思っている。

この気づきのもと、うまく軌道修正したからこそ、自分の会社も、ＣＯＯとして仕事をさせてもらっている会社も、うまくいっているように思う。

僕が自己破産して前の会社を抜けたあと、その会社の代表には別の人が就任した。ところが代表が替わったとたん、すぐに潰れてしまったという。そんなこともあって、僕は（僕が所属していたときに潰れたわけではないものの）「崩壊していく会社」を経験しているといえる。当時、内部にいたときはしんどくもあったが、これが強みにもなっている。

なぜなら**「会社はどうすれば壊れるか」「何が事業にとってマイナスになるか」「会社が危なくなっているとき、その兆候はどんなところに表れるのか」**を、身をもって理解しているからだ。

この経験があるからこそ、会社にひずみが生まれたときにいち早く気づき、対応できる。もしかしたら、今ナンバーツーを務めている会社から期待されている役割も、ここにあるのかもしれない。

崩壊の芽が少しでも出たら即座に摘む。もしくは軌道修正する。

これもひとつのビジネススキルだといえるだろう。

あえて厳しい道を選んで、その過程を無理やりにでも楽しむ

成果を出せる人になりたいなら、あえて厳しい道を選んで、その道を死ぬ気で走り抜くこと。これはすでに36ページで話したことだが、若いころの僕は、まったく仕事ができなかったときから、それを徹底していた。会社を立ち上げたときも同様だ。

従業員がたった2人しかいなかったときから、「業界トップの会社」と「自分の会社」の間の距離を埋めていくイメージで、仕事に取り組んでいた。

人生は選択の連続で、つらく厳しい選択を繰り返すことこそが、成功への近道

だと思う。

やるからには厳しい道を選ぶ。そしてその過程を無理やりにでも楽しむ。このスタンスを貫いているのは、そうしなければいつまで経っても成長しないからだ。

21歳のとき、2度目にチャレンジした営業の仕事で一定の成果を出せたことは、この本でも何度か触れてきた。営業の仕事に自信がついた僕が「事業をゼロからつくる経験がしたい」「マネジメントの勉強をしてみたい」と思っていたときに知人から紹介されたのが、名古屋でいろいろな事業をやっていたCさんだ。

彼は人を引き込む独特のオーラを持っていて、別の世界の人間だという感じがした。直感的に「この人は危険かもしれない」と思ったが、「新たな経験をしたい」という気持ちが強かった僕は、その危険から目をそらしてしまったのである。

Cさんからは突然、ある派遣会社を任された。どうやら、責任者の行方がわからなくなってしまったらしかった。派遣の「は」の字も知らなかったし、組織はめちゃくちゃだったが、誰もノウハウなんて教えてくれない。あまりに大変で、案の定1カ月目はまったく利益が出なかった。

さらに驚いたのが、Cさんが「成果が出ていないから」と言って給与をくれなかったことだ。それどころか「成果を出せていないおまえには給与が出せないから、お金を貸してやる」と言って借用書を書かされた。ブラックを通り越した無茶苦茶な話だったが、「成果も出さずに辞めるなんてダサい」という一心で、2カ月目はさらに頑張って500万円ほどの売上をつくることができた。これにはさすがのCさんも驚いたようだ。

しかし、次にCさんから言われたのは、Cさんが持っている会社のうち、休眠状態になっていたI社を立て直すことだった。僕はCさんの指示どおり、I社の株を買い上げてオーナーになった。24歳のときだ。一般的なルートだったら、大学を出て社会人1年目、2年目のころだろうか。

その会社では通信系の仕事をやることになった。営業のスキルと経験はあったにせよ、この業界は未経験だ。ここでもゼロからのスタートだ。商品のことを勉強して営業組織をつくる。そして、コールセンターを立ち上げて、営業の仕組みを整えていく。それまで経験してきたことを思いきり注ぎ込んでやっているうちに、僕の会社は代理店として全国トップ10にランクインした。

3年目くらいのときに売上が大きく伸びたことがある。そのきっかけになったのは、自分でオリジナルの営業手法を考案したことだった。

それまでの僕には、コールセンターを立ち上げた経験なんてない。リストの知識はおろか、コールシステム選定やトークスクリプト構築の経験もまったくなく、何から取り組めばいいかもわからない状態だ。そんな若者が気合いと根性だけで挑んでいったって、勝てるわけがない。

でも、**経験がないものは仕方ない。いつものように、ただ行動するだけだ。**この業界を生き抜いていくために何かできないだろうか——そう考えて「選択」と「集中」を繰り返しながら試行錯誤したところ、オリジナルの営業手法を確立することができたわけである。

その営業手法は本部からも認められ、やがて全国へと展開していった。これは僕の人生において非常に大きな経験だったと思う。

当時、通信業界には代理店がたくさんあり、僕の会社は後発だった。しかもあのころ、代理店のトップは光通信出身の猛者ばかり。「前田さん、すごいですね。光通信出身ですか?」と何度聞かれたかわからないほどだ。代理店のトップ10のなかで、僕だけが光通信の出身ではなかった。みんな前職でのノウハウを持っている人たちなのに、僕は独学で成果を上げていて、不思議がられていたことをよく覚えている。

とはいえ、やっていたことは本当にシンプルだった。**「考えるよりも行動する」「できるようになるまでやる」「厳しい道を楽しむ」**というだけだ。こうすれば、凡人でも、やり方しだいで猛者たちと肩を並べることはできるのである。

その仕事をやっていたときは、社長だから当然だが、日々事業を伸ばすことにフルコミットしていた。フルコミットの時期は24歳からスタートして、32歳ごろまで続いただろうか。最初たった2人だった従業員も、最終的には120人ほどに。3つ会社を持っていて、グループの売上は15億円くらいになった。

でも、「経営がうまくいっている」「自分は経営ができている」という感覚はまったくなく、ずっときつかったし、当時を「楽しかったな」と振り返れるようになったのはここ5年くらいのことだ。まさに地獄の日々だった。

そんな地獄のような環境でも、僕が成果を出せるようになったのは、無茶な環境でも「いつか自分にとってプラスになる」と腹をくくってやりきった経験のおかげだと思う。

今思えば、Cさんは僕に対し、本当にめちゃくちゃなことを要求してきていた。朝から夜まで僕の仕事ぶりを監視し、とにかく厳しく追い込んでくる。毎日詰められ、怒鳴られる。しかも経験やスキル、知識のない僕にいろいろ教えてくれるわけでもなく、「いいから、ごちゃごちゃ言わずにとりあえずやってみろ」と突き放されるだけ。しかも、そうやってがむしゃらに働いて稼いだお金は会社にほとんど残らず、Cさんのもとに流れてしまうのは、「はじめに」で話したとおりである。

振り返ってみると、まるで奴隷のようだった。それでも僕は**「自分にしかできないんだから」**と必死に食らいつき、なんとか結果を出していた。あまりにも過酷で厳しい環境で、その状況は従業員100名、年商10億円になってからも変わらなかった。

Cさんは、僕の他にも似たような若手を集めては、びしびしごいていた。若手が入ってきては逃げ出し、また入ってきては逃げ出し……の繰り返しを何度も目撃した。それくらい、Cさんの追い込みは厳しかったのだ。いろいろな事業を発展させてきた人だから、もちろん勉強になることは多々あったが、それにしても無茶苦茶で、過酷すぎる日々だった。

僕が自己破産したのは、その環境から抜け出すためだ。いくら稼いでも、Cさんのもとにお金が流れてしまうため、会社の経営が立ちゆかなくなった。そんな状況を見て「僕が死んだら生命保険金が支払われる。そのお金を会社のために使ってもらったほうがいいのではないか」とまで思い詰めた。包丁を見るたびに、死ぬことを考えていたのを覚えている。Cさんには「退任したい」と申し出たが、脅しのようなことを言われるばかりで、何も変わらなかった。

でもあるとき、「命を絶つくらいなら」と思いきって弁護士に相談し、「すぐに自己破産してその人のコントロール下から逃れなさい」とすすめてもらったからこそ、今、僕は生きている。自己破産したおかげで、会社の代表ではなくなり、Cさんからも逃れることができたわけだ。弁護士のアドバイスをきっかけに、まるで洗脳から解けたように「死ぬくらいなら逃げ出してやろう」という決意ができて、長年住んでいた名古屋とどん詰まりの状況から脱出した。

凡人である僕は、誤った判断をして、ついていくべきでない人についていってしまい、自己破産という最悪な結果を招いてしまった。

だが、**その経験があったからこそV字回復ならぬL字回復、というよりもチェックマークのような、急激な伸びができたのだ**とも思っている。

もちろん、この本を読んでくれているみなさんに、「生命の危機を感じるまで働け」と言うつもりはない。僕自身、あのときに戻りたいわけでもまったくない。自己破産がすごいことだとも思っていない。ただ、**あの異常な、他の人にはない経験をしたことが、自分の強みになっている**と思う。

「成果を出せる人になりたいなら、あえて厳しい道を選んで、その道を死ぬ気で走り抜くこと」――先に述べたこの戦術のとおり、あのときCさんのもとで働くという「厳しい道」を選んだからこそ、自己破産した後もすぐに立ち直れたし、今、成果をラクに出せているのではないだろうか。

あえて厳しい道を選んで、その道を死ぬ気で走り抜く。どんなにつらい経験でも自分の糧にして、大きく成長する。

このスタンスのおかげで今の自分があることを、僕は確信している。

優秀な「ナンバー2（参謀）」として組織を変える

僕は自己破産したのち、恩返しのために、恩人でありビジネス仲間でもある村瀬と星野さんの会社に所属していたのは、先述したとおりである。

その経験を通して気づいたことがある。それは、**僕がナンバー2（参謀）のポジションに入った会社の業績は、おもしろいほどに上がるということだ。**これもまた、経験を通して見つけた僕の「得意なこと」である。

おそらく一番の理由は、「経験」にあるのだろう。現場から這い上がった経験、代表取締役としての経験、そして会社組織が崩壊していく経験。こうした実体験から、代表の気持ちも理解できるし、現場としての仕事もできるナンバー2だから、業績が上がるのだと考えている。

さらに、僕がポジティブで、仕事に猪突猛進型する性格であることも大きいかもしれない。ポジティブだったり、一生懸命仕事に取り組んだりする人がひとりいると、まわりも自然と明るい雰囲気になり、「自分も頑張ろう」と思うものだ。

また、僕が入ったことで、社内のコミュニケーションのありかたも変わったようだ。いくら村瀬や星野さんが若く、性格もいいまっとうな人物であるとはいえ、部下からしたらやっぱり「社長」。言いたいことがあっても、なかなか言えないのが普通だろう。

しかし、僕という「ナンバー2」がいれば、僕に意見や要望を言えばいい。社外から来た人物だから話しやすいのか、部下たちは僕に気軽に話しかけてくれた。そして、そうして聞いた話を、僕が村瀬や星野さんにうまく翻訳して伝える。これによって、組織の空気がうまく循環したようだった。

さらに、僕が入ったことで、組織の形も整った。村瀬と星野さんの会社に入ってみて真っ先に気づいたのは、「メンバーたちが自分自身のポテンシャルの高さに気づいていないようだ」ということだ。そして観察していくうちに、その原因は、組織の形が整っておらず、ムダが多いことにあるのではないかと考えた。実際、組織の全体像を俯瞰した結果、100個以上の改善箇所が見つかった。

こぢんまりした組織だったからある程度は仕方ないのだが、営業職のメンバーがサポート業務を兼務していたり、逆にコーポレート業務のメンバーが営業の仕事もしていたりと、それぞれの役割分担が明確になっていなかったのだ。

そこで僕は、組織図を作成し、ルールや役割、ミッション、報酬体系を決めて……という土台づくりに従事した。夏でもスーツとネクタイが必須だったのを、もっと気楽な服装でもOKにしたり、残業や休日出勤を禁止にしたりしたのも、大きな変化だったかもしれない。働く時間を強制的に短くして、その分集中して取り組んでもらうようにした。

そうして少しずつ改革していくと、半年後には売上が2倍になった。その後も組織改革を続け、たった2年半という任期で売上を3倍にしたのは、大きな功績だといってもいいだろう。

いろいろな形で「恩返し＝お手伝い」ができたのは、僕がトップを経験したからだと思っている。

トップとして、自分の組織を回した経験があったからこそ、視座が上がった。そして社長の気持ちもメンバーの気持ちも理解できる調整役として動くことが得意になったのではないだろうか。

昨今、「ナンバー2」に憧れる人は多いと聞く。**ナンバー2として、優秀な「右腕」になりたいなら、遠まわりに見えるかもしれないが、まずはトップとしての経験を積んではどうだろう。**

見える景色が変わり、唯一無二の「右腕」として活躍できるようになるはずだ。

第4章

「成長」の幅は自分で決める

自己破産直後にタワマンに引っ越した理由

ここで、32歳で自己破産したあとの、V字回復のあたりのことを少し話したい。自己破産の前後、最初にやったのは日本中を旅行したことだ。これには、「Cさんの長年の呪縛を解く」という目的があった。

そして僕は２０１７年12月に破産開始決定がなされ、２０１８年1月には村瀬の会社に業務委託メンバーとして加わった。そのとき、僕の会社からは４人のメンバーが入社したが、僕以外の誰もまだ数字を出せていない状況だった。そんな元・部下たちをカバーすべく、１カ月目からひとりでリードを開拓しながら営業活動をこなし、３００万円の利益をつくった。３カ月というスパンで見ると、僕ひとりの利益は５００万円から６００万円にもなっただろうか。

会社に貢献できたこともあり、８月には取締役に就任した。すべてリセットしてゼロからやり直したいという気持ちもあり、それまでの主戦場だった名古屋から引っ越すことも決意した。行き先は日本のビジネスの中心地、東京だ。といっても、当時東京にコネがあったわけではなく、東京にも支店を持っていたから、その支店の関係で知り合った会社が2～3社と、知り合いがわずかにいたくらいだ。

この話を聞くと、おそらくたいていの人は「そんな無茶なこと……」と思うだろう。ほとんど知り合いがいないのに、知らない土地でゼロからビジネスを立ち上げるなんて無理な相談だ、と。しかも、くどいようだが当時の僕は自己破産したばかりである。

だが僕はあえて、体ひとつで引っ越すことにした。**「過去のご縁に頼るのは僕の成功パターンじゃない」**と考えたからだ。つまり、**「新天地に来たんだから、どんどん行動して、なんとしてでも新しい人脈を開拓するしかない」という状況に自分を追い込んだ**わけである。

自分を「やらざるをえない状況」に追い込むのは、ここまでこの本を読んできてくれた読者の方なら「ああ、またか」と思うかもしれない。

あえて、これまで築いてきた人脈も市場もある名古屋ではなく、すべてが最高レベルの東京でゼロから勝負する。

周りに何もなくなったとき、頼れるのは自分だけ。

どん底から這い上がって立ち直る力が、これからのビジネス人生における大きな保険となるはずだ。

そんな決意をして腹をくくり、会う人、会う人とつながってコネをつくっていった。具体的には、コワーキングスペースで仕事をして顔見知りを増やしたり、そうして出会った人から紹介をいただいたりしていた。とにかく新しいご縁を大切に全力投球だった。当時の僕は、自身の会社経営と村瀬の会社の取締役を兼任していたのだが、そんななか、星野さんからもオファーをいただいた。つまり、僕は破産した翌年に、前の会社の事後処理もやりながら3社の取締役を兼任することになったわけだ。そんな無茶な状況になるとは夢にも思わず、さすがに不安があった。しかし半年ほど経つと、3社の兼任をうまくやりくりできるようになり、全社の業績は順調に上がっていった。さらに、東京の市場に揉まれ、名古屋とはまた異なる東京ならではのやり方を学べたことで、大きくレベルアップできたように思う。こうして得た気づきもまた「行動の結果」であり、成長につながっている。

経営コンサルタントの大前研一さんの言葉に、次のようなものがある。

人間が変わる方法は三つしかない。
一つは時間配分を変える、
二番目は住む場所を変える、
三番目は付き合う人を変える。
この三つの要素でしか人間は変わらない。
もっとも無意味なのは「決意を新たにする」ことだ。

『時間とムダの科学』(2005年、プレジデント社)

当時はこの言葉を知らなかったので、あとから驚いたが、当時の僕はまさにこの名言の通りに行動していたといえる。

そして僕は、自己破産したわずか半年後、2018年の大型連休明けに、駐車場代込みで家賃35万円のタワーマンションに入居した。それまでタワマンに住んだことがなかったし、一度は住んでその世界を体験してみようという気持ちもあった。しかし最大の理由は、やっぱり**自分を追い込みたかったから**だ。

家賃は、究極の固定費である。一度入居してしまうと、生活がどんなに苦しくなろうと、気軽に引っ越す＝家賃にかかる費用を節約することはできない。だから一般的には、家賃は給料の5分の1程度が望ましいとされている。

もちろん、僕にもそれはわかっていた。でもだからこそ、自分を追い込むのにぴったりだと感じた。**一度タワマンに入居してしまうと、もう死ぬ気で稼ぐしかない。**その状態に持っていけば、もうこっちのものである。

そして実際、タワマンに住むにふさわしい復活を遂げることができた。自己破産を経験した僕でさえ、ここまで這い上がることができた。だから、**誰でも、強い決意で自分を追い込めば、結果は出せる。**このメッセージが伝わればうれしく思う。

なお、これは裏話だが、当時は村瀬の会社に所属していた。村瀬に「タワマンに住みたいんだけど」と相談したとき、意外とあっさりOKを出してくれて拍子抜けしたことを覚えている。**「結果も出すだろうし、信頼しているので、好きなようにしてください」**と言ってくれたのだ。信じてくれる友人の期待に応えたいと、あらためて背筋が伸びた出来事だ。

実際、東京のタワマンに住んだことで、僕の目線はぐっと上がった。自分を追い込む意味でも、東京のアッパー層の見ているものを知れたという意味でも、タワマンに住むことはいい投資になったと感じている。

とはいえ今は完全なる低層マンション派であり、今後タワマンに住む予定はないのだが。

「追い込む」スタイルでファッションを「学んだ」話

僕の思考には**「俯瞰」**と**「要約」**というクセがある。対象を理解するにあたっては、いったん上から「俯瞰」して縦も横も全部見渡し、他のものとの比較をし、コアをつかむ＝「要約」する。**この思考法は、仕事のみならず、あらゆる分野に応用できる。**

ここで、僕がファッションを「学んだ」ときのエピソードを紹介しよう。

僕はファッションが好きだ。美しいものをカッコよく着ると気分がいいし、何より自分に似合うものを選び取り、身に着けるのは楽しい。だが5年ほど前までは、ファッションに疎い人間だった。まったく興味がないわけではなかったが、毎日仕事漬けで、スーツ以外の服を着る機会がなかったからだ。

そんな僕が変わったきっかけは、やはり自己破産だ。自己破産を機に「スーツ禁止」というマイルールを設けた。これも得意の**「自分を追い込む」**スタイルだ。

このスタイルはまたもや成功した。スーツを禁止にすると、当然ながら私服しか着るものがなくなる。だから強制的にファッションの道に足を踏み入れることになったわけだ。

ファッションを学ぶにあたっては、**「詳しい人と会うこと」**を第一歩とした。ファッション業界の方に時間をいただいて、その方のスタイルを見て、いろいろ質問させてもらって真似をして……と繰り返していくうちに、**ゼロの状態からファッションを「俯瞰」して「要約」することができた**のだ。

具体的に「学んだ」ことの一例を挙げてみよう。

・この色とこの色は合う、この色とこの色は合わない
・コーディネートに使う色は3色、できれば2色まで

・このシーンにこのスタイルは適さない
・春夏はこの素材、秋冬はこの素材
・このスタイルは日本でしか通用しないのか、それとも全世界共通で受け入れられているのか？　その理由とは？
・僕の体形に合うファッションは？
・ジャケットとインナー、パンツの色の合わせ方

今でこそ「おしゃれですね」と褒められることも多くなったが、本当に素人レベルからのスタートである。しかし、詳しい方から一つひとつ学んでいくうちに、「この服はこのブランドなんだ」「類似ブランドにはこういうものがあるんだ」と、**芋づる式に知識が増えていった。**

繰り返すが、僕は頭がいいほうではないから、広く深く覚えることはできない。だから**あらゆることを調べ、学び、その内容を自分なりに「要約」してポイントだけ吸収していく。**それを自分に当てはめることで、スムーズにインプットされていく感覚だ。

その分野に精通している方に教えを請い、対象を俯瞰したあとに要約し、インプットする。

この学び方ができれば、ものすごい速さで成長できる。仕事はもちろん、遊びでも一流になれるだろう。

「マイルール」をつくり、ピンポイントで対象を攻略する

よく周囲の人から不思議がられることだが、僕はまだ東京に5年しか住んでいないにもかかわらず、**東京出身の人より東京の飲食店に詳しい。**実際に会食などのお店選びでも、「前田さんに頼んだほうが早いから、お願いできない？」と頼まれることが多い。

地方出身で東京在住歴も短い僕が、東京に詳しいのはなぜか。その要因としては、何はなくとも**「行動量」**が挙げられるだろう。好奇心旺盛でアクティブなほうなので、気になるものやお店があればどんどん出かけていく。

もうひとつは、1章で紹介した**「常に『目標』から逆算せよ」**という戦術だが、これに加えたいのが**「ルールを設ける」**ということである。**目標を定め、それを達成するためには何をすればいいか、最短ルートを思い描いて自分なりのルール**

を決め、ピンポイントに動くこと。僕はその結果、「東京の飲食店」という特定の分野に詳しくなることができた。

当たり前だが、僕は東京に出てきた当初、どのお店がいいかなんてまったくわからなかった。しかし仕事柄、取引先の方と食事に行く機会は多いから、ある程度は詳しくなったほうがいい。

名古屋にいた当時は、20代のころから相手先企業の取締役や役員クラスの人間とよく食事にいった。そのときは、どんな食事が好みか、二次会にいくならどこがいいか、僕は相手のことを徹底的にリサーチして臨んだものだ。そんな感覚をもっていたから、東京でビジネスをやるなら、まず店に詳しくなければならない、と僕は考えた。とにかくたくさんの店を知っておきたい。接待するときにも、相手に合わせてお店をチョイスできなければ、仕事にならないのだから。

東京は店が多すぎるが、とにかく短期間で市場を掴みたい。そこで僕が定めたのは、**「東京のいい店を知る」**という目標と、**「基本リピートはしない、リピートする店は相当気に入ったお店のみ」**というルールである。

目標とルールを決めれば、あとはひたすら行動するだけだ。具体的には、とにかくさまざまなエリアや店に足を運び、そのエリアの特徴とバランスをチェックする。これによって店をたくさん知ることができるのはもちろん、各エリアの値段感の相場や料理のバランス、どんな属性の人が多いかなども把握できる。これは東京でビジネスをやるうえでは絶対に役立つし、店に詳しくなるにはこれが最短だ。

こうして僕は、5年の間、無数のお店で食事をして、いい店を求めてリサーチしまくってきた。その甲斐あって、東京のあらゆるエリアと店に詳しくなることができたわけだ。

目標に対して、どう行動すれば最短で到達できるかを考えること。そして、行動量を最大化するようなルールを設けること。ここまで読んでくれた方であれば、僕の場合、「基本リピートはしない」というルールがあれば、それに準じてさまざまなお店にチャレンジするであろうことは、容易に想像がつくと思う。目標とルールをかけ合わせて、最短ルートを創出するのだ。

だから、たとえば特定の店やエリアに詳しくなりたいのなら、次のようなルールをつくってはどうだろうか。

（1）銀座に詳しくなりたいなら……

↓毎週末、1回は銀座で食事をする。なお、お店のリピートはしない

（2）カフェ・喫茶店に詳しくなりたいなら……

↓商談で外出する際は、アポ先の近くのカフェ・喫茶店に行く。なお、お店のリピートはしない

「（1）×（2）」といったように、「エリア×ジャンル」の組み合わせにしてみるのもいい。「毎週末、1回は銀座のカフェ・喫茶店でコーヒーを飲む。なお、お店のリピートはしない」としてみると、1年も経てば、銀座のカフェ・喫茶店にかなり詳しくなれるはずだ。

もちろん、いい店を見つけたら「リピートしない」というルールは廃してい

い。いい店は自分の中のリストに挙げておけば、すぐに誰かを連れていけるし、商談やデートのときにも困らない。この戦術は、ビジネスにかぎらずプライベートでも、大いに活用できるのだ。

時間は有限なのだから、無駄な行動をとっている暇はない。だからこそ、成功までの最短ルートを歩むべく、ピンポイントに動くことが大切だ。

あえて「一番高価なもの」を選ぶ

いくつか選択肢があったとき、**コスト意識は度外視して、最も高価なものを選ぶ。**これも僕のマイルールだ。

たとえば旅行に行くとして、Aホテルに泊まるかBホテルに泊まるかで、迷ったとしよう。

- **より高価で、真心のこもったおもてなしが自慢のAホテル**
- **より安く、アクセスのよさが売りのBホテル**

ホテル選びの基準は人それぞれだろうが、僕はより高価なほう、この例でいえばAホテルを迷わず選ぶ。その理由のひとつは、**より高価なほうを選んでおけば**

間違いがないからだ。

人生は短いのだから、せっかく旅行するなら、その土地を楽しみたいし、深く理解したい。そのために、よりストレスが少なく、良質なサービスが受けられそうなホテルに滞在することを選ぶのだ。

旅行先で食事に行くときも同じだ。「夕食はどこでとろうか?」となったら、Aホテルのコンシェルジュや部屋係の方に「このあたりで一番高価で、一番有名なお店はどこですか?」と質問する。**そのエリアで一番高価で、一番有名なお店を体験すれば、その街の基準や価値観が俯瞰できるからだ。**街のことを深く知りたいなら、これ以上の手段はない。

「いやいや、旅行なんて遊びなのに、そこまで考えていられない」「コスパがよくておいしいお店を教えてもらえばいいじゃないか」と思う人もいるかもしれない。それもそれで正しい考え方だと思う。でも、僕の場合はちょっと違う。すべてが仕事につながっているから、**「自分がそこの街で何か事業をやることになるかもしれない」**という目線で行動している。

その街で一番いいホテルに泊まり、一番いいレストランで食事をした経験があれば、今後そこでビジネスを始めるときに参考になる。

ここで「最初から一番いいものを選ぶのではなく、いくつか安価なものを試してから一番高価なものを体験してもいいのでは。なぜいきなり高価なものを選ぶのか？」と疑問を抱く人もいるだろう。

僕が最初から一番高価なものを選ぶのは、それが最も効率的だとわかっているからだ。**一つひとつ積み上げていくというより、最上のものを知り、スピーディーにその対象を把握する。**僕自身がせっかちということもあり、それが最短ルートだと思っている。

まずは**その街、その分野の「一番」を押さえること。**それが僕の行動原理である。

大人になればなるほど、プライベートの時間は貴重なものになる。旅行にしても、その土地を二度と訪れることはできないかもしれない。ハズレを引いてガッカリする時間はない。だからこそ、**その貴重な1回を最大限楽しむべく、最上のものに投資する。**

これも、つまりは**「俯瞰」**と**「要約」**のスタンスで行動している表れであり、周りのハードワーカーを見ていてもこの考え方をしている人が多いように思う。

本から何を学ぶべきか?

多くの人は「読書＝いいこと、どんどんやるべきこと」と刷り込まれてきたのではないだろうか。

もちろん、読書は決して悪いことではない。僕だって、今となっては「読書はコスパ最強のインプット法だ」と思っている。

でも、かつての僕にとっては無意味だった。**買った本は数あれど、読み切ったものはほとんどない。**

なぜ、本が読めないのか? その理由は**「文字を読むのがすごく苦手だから」**。そして**「実体験に基づいたものにしか興味を持てないから」**だ。

特にポイントになったのが後者である。だから、逆に**「本を読んで学んで↓行**

動する」はNGだけれど、「行動する↓本を読む」の順だとうまくいった。まずは体当たり的に行動し、経験を積んでから、知識をのせていくというスタイルだ。

「実体験に基づいている」とはどういうことか。

たとえば、138ページでも例にあげたWebマーケティングの習得について。僕はかつて、Webマーケティングの知識がゼロの状態で本を読んで勉強しようとしたのだが、まったく頭に入ってこなかった。

一方、**Webマーケティングの実務経験がある状態で本を読むと、本に書いてあることがどんどん頭に入ってくる。**自分の経験を裏打ちしてくれるし、「もっとここを知りたいな」「ここはどうなっているんだろう」と思っていたところを教えてくれるからだ。

本を読んでから動くか、動いてから本を読むか。

僕は後者だったけれど、人それぞれのやり方でいいと思う。でも「自分は本を読めない」「頭が悪いからだ」と思っている人は、もしかしたら後者なのかもしれない。**自分のことを卑下せずに、経験のある分野の本を手に取ってみる。**そして行動すれば、驚くほどその本の内容が吸収できるかもしれない。

本を神格化している人は多いが、**本は、インターネットなどと同様、インプット手段のひとつにすぎない。**

本を読んで得た情報も、Ｗｅｂで得た情報も、どちらも尊いものだ。まずはそれを理解してほしい。

僕自身、本を読める人に憧れ、気になる本を片っ端から買っていた時期があった。でも、どうしても読めなかった。文字が頭に入ってこないだけでなく、「これを1冊読んでいる時間があったら、行動してしまったほうが早い」と思うタイプだった。

本を読むこと自体が楽しみになるのであれば別だが、苦痛を覚えてまで読む必要はない。**本を閉じて、行動したほうが断然いい。**

他の項でも書いたが、その意味では本を読むのではなく、誰かの話を聞きに行くという手段を選ぶのもいいかもしれない。

僕は30歳を超えたころから、難しい領域にチャレンジするときや、知識を入れないと勝てないなと思ったとき、詳しい人から直接レクチャーしてもらうことが増えていった。オンライン会議ツールをつないでもらって、1時間ほど時間をいただき、聞きたいことをどんどん質問するのだ。

これなら、**知りたいことをピンポイントで聞けるから効率的だし、人脈もできる。検索すればすぐに見つかる情報ではなく、経験に基づいた、価値ある情報を得られる。**

もちろん相手への感謝は必要だが、これほどタイパ（タイムパフォーマンス：時間対効果）のよいインプット法は他にないため、重宝している。

本には正解が書いてあるわけではない。

本はあくまで、武器や選択肢を得るためのものだ。

人生のルートは、自分でそのとき、そのときでつくっていくしかない。

この「武器や選択肢」と「自分が進むべき人生のルート」のギャップを埋めていくのが、行動力だと思う。

なお、行動するときは必ず**「自分の色」を入れる**ようにしよう。自分の頭で考えて、自分ならではのエッセンスを足すのだ。

誰かから話を聞くときも、本を読むときも同じだ。**「自分だったらこうする」というのを考えながら話を聞いたり、本を読んだりするのがキモである。**

常に課題意識を持って、インプットとアウトプットができる人になってほしい。

嫌でも行動力が上がる、簡単な仕組み

「情報収集」についてもう少し話そう。

現代は本以外にも、テレビ、新聞、動画共有サービス、ＳＮＳなど、さまざまな情報源がある。僕が最も活用しているのは、**日本経済新聞（以下、日経新聞）**の電子版だ。

といっても、毎朝、すべての面をじっくり読んでいるわけではない。**業界情報など、自分のビジネスに関連する記事が毎朝届くように**していて、それを最優先でチェックする。

その後、記事の中に知らない単語や、**もっと深く調べたいキーワードがあったら、その言葉をYouTube検索。**わかりやすく解説してくれている動画が必ずヒットするので、それを流しっぱなしにしておくと、すっと頭に入ってくる。

これが僕の毎日のインプット術だ。

僕のように活字が苦手な人には、ＹｏｕＴｕｂｅをおすすめしたい。知りたい分野があるときは、ＹｏｕＴｕｂｅで検索して、耳から情報を入れてみるのだ。**朝の支度中や移動中などに流し聞きするだけで、なんとなく概要がつかめる**はずだ。

概要をつかんだあと、「もっと深く知りたい」と思ったら、「その道のプロ」に直接レクチャーしてもらうのがいい。気になるポイントをあらかじめリストアップしておき、質問させてもらうのである。僕はこのインプット術を5年ほど実践している。

偉そうに語ってしまったが、僕自身、日経新聞を取り入れたのはたった5年ほど前のことだ。それまでも、目上の方から「ビジネスパーソンなら、日経新聞は絶対読んでおかないと」と言われることが多かったのだが、自分に関係のない文字が大量に並んでいる感じが苦手で、どうしても習慣づかなかった。

5年前に日経新聞を読み始めたときも、最初はつらかった。全然内容が入ってこない時期を経て、しばらくすると、自分の業界の記事なら普通に読めるようになった。たいていのビジネスパーソンなら、これだけでも十分だ。

日経新聞に加えて、僕の弱点だったのは株式投資の経験がないことだ。**自分の事業だけでなく、業界全体、日本経済全体、世界経済全体を俯瞰したいと思ったときに、株式投資の仕組みを知らないことがネックになっていた。**日経平均をチェックする習慣すらなかった。

でも、経営者たるもの、そんなことではいけない。**一念発起して、証券会社の口座を開設し、株を大量に買うことにした。**

なぜ「まずは1株から」ではなく「いきなり大量の株を買う」という選択をしたのか。それは、**株を持ってしまえば、株価の変動や世界的な金融の動きなどを気にしないではいられない性格だとわかっていたから**だ。

実際、この作戦は功を奏した。株を持ってしまうと、やっぱり株価の動きが気になり、日経平均に目がいくようになった。

株を始めて2年ほど経ったが、世界的なお金の動きの仕組みを理解したし、株価が上がったときに起きていること、株価が下がったときの対応策などもわかってきた。日本経済にも興味を持てるようになった。

僕は今、期待している幹部メンバーには、「稼ぐ」だけでなく「増やす」「守る」ことも知ってほしいという思いから、「証券口座を開設して投資を覚えなさい」と口をすっぱくして言っている。

彼らは、昔の僕と同じく、日経新聞は読んでいないし、日経平均にも日本経済にもまったく興味がないようだ。だが、経済の動きを知っておいて損することは絶対にない。だから「証券口座を開設し、株式投資をする」というシンプルな行動を通して、**経済を自分ごと化してほしい**と願っている。

といっても、僕のように「いきなり大量の株を買う」でなくてもかまわない。**毎月1万円でもいいから株式投資にまわせば、世界の見え方が変わる**だろう。

こうアドバイスすると、必ず「株の本を読んで、シミュレーションしてみることから始めようかな」と言う人がいる。それはそれでひとつの方法かもしれないが、僕はすすめない。身銭を切らないと、自分のモノになりにくいからだ。

身銭を切って、自分のお金を投入するからこそ、株価を毎日チェックして「上がった」「下がった」と一喜一憂することになる。「自分のお金をムダにしたくない」と思えて、株や経済の勉強もするだろう。

だいたい、株式投資をちょっと試してみるだけなら、いきなり数千万円を失うようなことは、ほぼない。だからチャレンジしてみてほしい。

日経新聞を読むのも、日本経済に目を向けるのも、ビジネスパーソンとして活躍したいなら当然のこと。「つまらない」「興味ない」と思いながら嫌々やるより、ちょっと工夫をして自分を強制的に巻き込み、楽しく学びたい。

最初は「つまらない」「興味ない」のままかもしれないが、行動してみればすぐに見える景色が変わって楽しくなるはずだ。**簡単なことなのになぜみんなやらないのか、**今では心底不思議に感じている。

誰かを妬むヒマがあれば行動する

自分とは違う特徴や経歴を持つ人にコンプレックスを抱いている人は多い。たとえば先ほどの本の話。本が苦手な人が「自分はどうしても本が苦手で、本をたくさん読む人にコンプレックスがあるんです」と言っているのを耳にすることがある。

それ以外にも「大人になっても学歴コンプレックスが消せません」とか「友だちがみんな自分より年収が高いみたいで、それがコンプレックスなんです」という話もしばしば聞くことがある。自分の外見にコンプレックスを抱いている人も多いように思う。

僕は、**健全なコンプレックス以外は捨ててしまってよい**と考えている。健全なコンプレックスとは、**「頑張ろう」「もっとやろう」という気持ちをかきたててくれるコンプレックス**のことだ。

たとえば僕の場合、自分の会社よりも大きな会社を経営している人を見ると、悔しく思う。同じ業界や同じような境遇の社長であればなおさらだ。これを他の人が見たら、「前田、大きい会社の社長にコンプレックスを抱いてるんだな」と思うかもしれない。

でも僕からしてみると、この気持ちはコンプレックスとはちょっと違う。ただの**「モチベーション起爆剤」**だ。その人のようになりたいと思う、その人が見ている景色を見たいと願う……**そんな気持ちが僕をかりたてて、行動力をブーストしてくれる。**

一方、**不健全なコンプレックスとは、自分をくよくよさせて、行動を足止めするもの**だ。

たとえば外見のコンプレックス。「あの子のほうがきれいだな」とうらやましく思い、運動習慣を取り入れたり、メイクを研究したりするならいいだろう。でも、「あの子みたいに生まれたかったのに」とくよくよしたり、「きれいじゃない自分に価値なんてない」と思い込んだりするなら、不健全なコンプレックスである。さっさと捨ててしまったほうがいい。

落ち込んだり、誰かを妬んだりする暇があれば、行動したほうがずっといいのだから。

コンプレックスを抱いている人は多いものだが、周りから見ると、意外にたいしたことがなかったりする。

くよくよ悩んでいるのは自分だけかもしれない。むしろ、コンプレックスだと騒ぎ立てることで、周りから過度に注目されてしまって逆効果……ということもある。

たとえば、僕は大学中退だ。大卒の人や大学院卒の人に対して、コンプレックスを抱いていると思われるかもしれない。でも実際のところ、学歴コンプレックスはまったくない。**「学歴では負けていたとしても、仕事の力で絶対に負けてい**

ない」という絶対的な自信があるからだ。

もしコンプレックスに苛まれそうになったら、**「自分が絶対的に勝っているところ」に目を向ける**といいかもしれない。

自己破産したときも、特に何も思わなかった。**「ここからV字回復したら、めちゃくちゃカッコいいだろう」**と思ったからだ。

きついことがあったとしても、全部ネタにして、ノウハウ化できるくらい成功してしまえばいい。そんな強い気持ちを持って行動してほしい。

何歳になっても輝きつづける人、30代で老ける人

僕は今、38歳だ。新卒からずっと同じ会社に所属している人であれば、係長、課長あたりになり、定年までのルートが見えてくる年頃だろう。家族もいて、会社を辞めることや独立することなどまったく考えない。

一方、僕は彼らとは対照的だ。まだまだ自分の行き先が見えない。守るべき会社があり、大切にしたいメンバーがいるとはいえ、**自由に生きていける。**明日海外に飛び立ってしまっても、いっこうにかまわない。

このように、**40代を目前にすると、進む道は二手に分かれる**ように思う。

実際、仲のいい同級生は経営者ばかりだ。似たような成長曲線を描いている者同士、気が合うし、一緒にいて居心地がいいのだろう。そもそも、そうでない人と出会う機会が減っているのもたしかだ。

こんなことを言うのも悪いが、「完成形」に近づきつつある同級生に会うと「38歳って、こんなに老けてるんだ」と感じざるをえない。体つきがだらしないし、守りに入ってしまっている感じがするのだ。

どうしてこんなに違いが出るのだろうか。結婚して子どもがいると、油断してしまい、自分を磨こう、磨かなければならないという意識がなくなっていくのだろうか。保身に走っているからだろうか。見た目も中身もすっかり老け込んでしまっているようだ。**自ら自分の枠を狭めてしまっているように見える。**

挑戦しつづける人は、何歳になってもイキイキしている。今の自分に満足することなく、新しいことをやったり、より高い目標に向かって走りつづけたりしているから、**老けるヒマもない**のだろう。

そう思うと、もっと広く、大きいはずの自分の「器」をフルに使っていない人は、とてももったいないと思う。前向きに行動して新鮮な環境に身を置いたり、新しい属性の人たちと付き合ったりすれば、器をもっと有効活用できるのに。

行動しないことを選んでいるのは、彼ら自身だ。僕が口出しすることはできない。それでも、やっぱりもったいないと思ってしまう。僕なんて自己破産を経験したのに、こんなに人生を楽しんでいるのだ。それなのに、これまで健全に生きてきた人たちが小さくまとまってしまっているのを見ると、どうしても歯がゆく感じてしまう。

年齢を重ねて、家庭を持てば、守るものが増える。それはわかる。

だが**「家庭があるから」「子どもがいるから」**は**「理由」**ではなく**「言い訳」にすぎない。**

僕にも家族がいる。離婚をしたから今は一緒に住んでいないが、妻子と同居していたときからずっとこの生き方だ。家族がいることを言い訳にしたことは一度もない。

その理由は、**「子どものために生きているわけではないから」**だ。

この人生は、他ならぬ僕自身のものだ。そして、僕の人生の中で大切な存在、そのうちのひとつが子どもである、という考え方をしている。

そもそも、親が自分の存在が理由でやりたいことをあきらめていると知ったら、子どもは複雑な気持ちになるのではないだろうか？

よく周囲の同世代が「子どもがいるから頑張れる」という発言をするが、このスタンスも疑問である。だって、子どもがいなかったら頑張れないのだろうか？子どもと仕事を紐づけるのは、プロのビジネスパーソンではない。**ビジネスパーソンなら、仕事の矢印は「子どものため」ではなく「部下のため」「メンバーのため」「お客さまのため」であるべきだ。**

50ページでも話したことだが、**自分が行動する理由を、他人に委ねてはならない。**それが家族など大切な人であっても、丸投げせず、自分の人生は自分で責任を持って決めなければならないのだ。

毎日真剣にやっていれば、物事は確実によくなる

「行動力がありますね」
「バイタリティにあふれていますね」
「いつもポジティブですよね」

これらは、僕がこれまでの人生で何度となくかけられてきた言葉だ。この次には、たいてい次のような言葉が続く。

「どうしたらそんなふうになれますか？」

「うちの部下を前田さんみたいにするには、どうすればいいでしょう?」

もしくは、次のように尋ねる人もいる。

「ネガティブな人のことをどう思いますか?」
「やっぱり行動力のない人は嫌いですか?」

一番困るのは「ネガティブな人のことをどう思いますか?」「やっぱり行動力のない人は嫌いですか?」という問いかけだ。僕の場合、誰かのことを「ネガティブ」or「ポジティブ」とジャッジすることはないし、「行動しない」「動かない」人はいても、**生まれつき行動力がない人はいない**と思っているからだ。

行動できない人は、自分の可能性を信じていないだけである。

たしかに、気分の上がり下がりがある人はいると思う。仕事やプライベートがうまくいかないときに、すごく落ち込む人もいる。それはその人の個性であるし、物事に真剣に向き合っているサインだから、誰かに責められることではないだろう。

ただ、何か嫌なことがあったとき、「この状況がずっと続くんじゃないか」「どうせ私はいつもうまくいかないんだ」と思い込んでしまう人には、ひとつだけ伝えたいことがある。

それは**「毎日真剣にやっていれば、物事は確実によくなる」**ということだ。

10年前のことを思い返してほしい。**当時何に悩んでいたか、すぐに思い出せるだろうか？　思い出せたとして、今も同じことに悩んでいるだろうか？**

おそらくほとんどの人は、何に悩んでいたか、思い出すことさえできない。思い出せたとしても、「どうしてあんなちっぽけなことで悩んでいたんだろう？」「今ならあんなに悩まないのにな」と思うのではないだろうか。

人が悩むのは、たいていの場合、過去か未来に目を向けすぎているからだ。

「どうしてあの人に、あんなことを言ってしまったんだろう」
「あのとき、もっと勉強しておけば……」
「自分なんて一生結婚できないかもしれない」
「週明けの会議、絶対マネジャーに叱られるな……」

こんなふうに、過去や未来のことを悔やみすぎたり、心配しすぎたりするのはやめよう。今この瞬間に集中していれば、悩みごとにくよくよすることはなくなるはずだ。

そして、大きな悩みごとがあったとしても、無理やりにでも**「悪いのは今だけだ」**と思うようにしてほしい。

愚直にやりつづけていれば、数日後、数週間後、数カ月後、どんなに長くても数年後には確実に明るい未来が切り拓ける。そう信じて「今このとき」に集中し、エネルギーを全力投下すればいいだけだ。

おわりに

最後に、今後のビジョンについて話したい。

僕は20代で、**できることを全力でやると決めて、その通りにした。**

30代では、**自己破産したときに助けてくれた人に恩返しをすると決めた。**

さらに、**日本という国を俯瞰的に見られる人になるべく、すべての地域を訪れた。**

こうすることで、膨大なインプットができ、日本全国あらゆる場所が「知らない場所」ではなく「何かしらのイメージが思い浮かぶ場所」になった。

これから迎える**40代では世界に出て、50代では宇宙に行ってみたい。**どんどん目線を上げて、俯瞰的に見られる人生にするためである。

日本、世界、そして宇宙。そのすべてを見たうえで、自分がフルコミットでき

る事業に出合いたい。それが僕の夢だ。

世界を旅したら、世界がもっとコンパクトに見えてくるだろう。

旅するだけではなく、仕事もしてみたい。たとえば、寿司職人である。「和食」や「割烹」とは違って、〝SUSHI〟はもはや世界中で通じる言葉になっている。日本国内のみにとどまる事業ではなく、人が生きていくうえで必要となる「衣食住」に関わる事業を、世界規模でやってみたいのだ。

「経営もできる寿司職人」という人生はネタになるし、自分らしい。今は飲食業界の方々とも親しくさせていただいて、いろいろ教えていただいているフェーズだ。

もちろん、未来はこれからだ。「絶対に寿司職人になる」と固く決めているわけではない。でも、僕が今やっているビジネスを世界中で展開するのは無理だから、世界で通用する衣食住、どれかのビジネスを選ぼうと思っている。

そうして**「日本だけじゃなくて、世界でもやっていける」という状態をつくり**

たいのだ。

人によっては、「今成功しているビジネスがあるんだから、もっと拡大して市場でトップを目指したらいいのに」と思うだろう。

でも、僕の場合はちょっと違う。飽き性なので、うまくいっているビジネスがあったとしても、ある段階で誰かにお願いして、自分は新しいことをどんどんやりたいのだ。

「50代で宇宙に行く」と聞くと、「何を言っているんだ」と呆れるかもしれない。ビジネスをやってみたいのもあるが、何より**宇宙から地球を見てみたい**という気持ちがある。動画を見たり体験した人の話を聞いたりするだけでなく、足を踏み入れて、自分の感性で捉えたいのだ。

実際に宇宙に行くと、いろいろな気づきがあるだろう。それをお金に換えられて、世界に貢献できるのであれば、ビジネスをやってもいいかもしれない。

そして最後の目標は**「コミットしたい事業を見つけて、全力投球すること」**。「既に十分成功しているのに」と言ってくれる人もいるが、まだまだ物足りない。これまではご縁があった仕事を、特に選ばずにやってきた。でもいつか、**心の底から「僕はこれがやりたいんだ！」と思える仕事を見つけたい**。いろいろなものを見て、経験して、全財産を注ぎ込んででも発展させたい事業を選ぶ。これが一生の目標である。そして自分の足跡を残して死にたい。

あらためて考えると、けっこう壮大な夢かもしれない。でも僕は、**これだと決めたことはだいたい実現させてきた。**だからこの目標もたぶん実現するのだろう。

そもそも、こんな僕がなぜ本書の出版を決めたのか。ここまでたびたび**「自分を追い込めば、想定以上の成果が出る」**という話をしてきたが、実は今回のプロジェクトもそのひとつである。

本を出せば、本の作り方がわかり、作り手の気持ちも想像できるようになるだろう。すると、ずっと苦手だった読書も楽しくなるのではないか？　まったく本を読まない自分が本を書いたら、本が好きになるかもしれない。前に出るのは好きじゃないけれど、本を書いてみたらそのスタンスが変わるかもしれないし、本というものを「自分ごと化」できるかもしれない。

そんな考えから、僕は出版を決めた。要は、ここでも自分を追い込んだわけである。考えるよりも行動したほうが、得るものがはるかに大きいことは、経験上わかっているのだから。

人生は、「できないこと」を「できること」に変えていくゲームである。

「やりたくない・好きじゃない」を「やってやろう・楽しい」に変えたら、人生はもっとハッピーになる。本書を読んでくれているきみにも、僕と一緒にこのゲームを楽しんでほしいと思う。

本書には、僕がこれまでに得た「凡人の戦術」をたくさん詰め込んだつもりだ。僕のような、才能も学もないけれど何かを成し遂げたい人に届いたなら、これ以上うれしいことはない。

さあ、きみも新しい一歩を踏み出そう！

２０２３年9月　前田桂尚

前田桂尚（まえだ・かつひさ）

株式会社SPG HOLDINGS取締役COO。24歳のときに学歴なし、資金なし、キャリアなしで起業。「経験で知識を凌駕」「思考よりも行動」を信念とし、わずか10年で従業員100名以上の営業組織を創り上げる。しかし、思わぬ出来事により2017年11月に自己破産。そこから地道な努力を重ね、3年足らずでV字回復を遂げる。会社経営は24歳から継続中で通算15年以上、業態は10個以上に関わった経験から領域も広い。ポジティブもネガティブもさまざま経験し、「顧客第一主義」「ヒト最優先」の考えから現在も最前線で活動中。株式会社SPG HOLDINGS以外にも株式会社edgeworksの代表を務め、ほかにも優良ベンチャーの執行役員として従事。

凡人《ぼんじん》の戦術《せんじゅつ》
天才《てんさい》にもエリートにもなれなかった僕《ぼく》たちが、
この世《よ》の中《なか》で勝《か》ち残《のこ》るために必要《ひつよう》なこと

2023年10月20日　第1刷発行

著者　**前田桂尚《まえだかつひさ》**

発行者　寺田俊治

発行所　**株式会社 日刊現代**
東京都中央区新川1-3-17　新川三幸ビル
郵便番号　104-8007
電話　03-5244-9620

発売所　**株式会社 講談社**
東京都文京区音羽2-12-21
郵便番号　112-8001
電話　03-5395-3606

印刷所／製本所　**中央精版印刷株式会社**

表紙・本文デザイン　菊池祐（ライラック）
編集協力　ブランクエスト

C0036

ISBN978-4-06-533411-9